西洋哲學十二講

Twelve Lectures
on Western Philosophy

鄔昆如　著

東大圖書公司

序　言

　　《哲學十大問題》早已由東大圖書公司的滄海叢刊收入出版，是為「哲學概論」的濃縮；極適合哲學系之外的同學，或一般對哲學有興趣但尚未進入哲學堂奧的民眾，作為哲學入門的簡易手冊。而哲學史方面，三民書局出版的《西洋哲學史話》，固然對西洋哲學發展史有全盤的介紹，但對非哲學系的學生，或是無意專門研究西洋哲學的人士來說，總未免覺得材料太多，分量過重。《西洋哲學十二講》則在形式和內容上，都比較適宜對西洋哲學入門有興趣的人們，作為進入哲學殿堂的起步。如今將之出版，一方面可作為「哲學史」西洋方面的濃縮，另一方面則可以與《哲學十大問題》，共同作為哲學的基本入門書。

　　本來，《西洋哲學十二講》在《哲學與文化》月刊分期刊完之後，曾交由專門出版哲學書籍的先知出版社發行，唯因該社後來因種種事故，停止作業，而本書亦就蒙受絕版的命運。今東大圖書公司有意重版，茲特樂觀其成，希望有助於對西洋哲學有興趣的人們，作為入門的工具，是為序。

鄔　昆　如

西洋哲學十二講

Twelve Lectures on Western Philosophy

目　次

引　論

　　自從中國閉關自守的門戶被洋人的大礮轟開了之後，國人就醉心於想認識西洋，想學西洋的船堅礮利。一百多年來，都在努力學習西洋科技方面的成就，也即是說，問題的核心都集中在西洋如何強盛，我們如何才趕上西方，如何把「賽」先生和「德」先生請來中土的具體問題；間或也有人提及西洋的政治制度，人文學科等課題，但都局限於「如何」去學他們，如何去把他們的東西「模仿」、「翻譯」成為中文；甚至，像「鵝媽媽教英語」的方式，乾脆從孩童時代起講洋文算了。以為唯有這樣，才算學習了西洋，趕上了西洋；以為唯有這樣，才能使中國強盛，才能有堅甲利兵來抵禦西洋的侵略。

　　可是，事實的結果又如何呢？

　　船堅礮利的成果雖未能盡人滿意，西洋的侵略行動卻真的被制止得相當有效，但是，洋人沒拿槍礮來打我們，卻給中國灌輸了一種哲學思想，而使一些狂妄的士大夫侮蔑了中華文化，使一些政客打著學術的招牌，以崇洋的狂熱「打倒孔家店」，否定了中國數千年的精神文化傳統。甚至，更進一步，吸取了西洋思想的糟粕，以唯物共產為救星，而大行其反倫理，反哲學，反宗教的政策。

「為什麼」會有這種想不到的效果產生？

是否在認識西洋的工作上，太看重只問「如何」的科技，而忽略了該問「為什麼」的哲學思考？

哲學才能提出並回答西洋「為什麼」會有今天的成就的課題。西洋哲學也就是解答了西洋之所以成為西洋的最終理由。

在西化潮流中，崇洋的人一心一意要從頭到腳都向西洋學習，向西方看齊；一些愛國志士則極欲力挽狂瀾，盡量提出「中國精神文化」、「西洋物質文明」的理論，來阻止許許多多的賣國行為，但是，到今天我們仍要發問：那些一味崇洋的人，是否真的看清了西方的長處？那些愛國志士，是否也懂透了西洋的缺點？

長處和缺點，固然可在物質生活表層的科技上，得到一些現象的觀察；但是，卻無法像哲學一般，可以窺探出其問題核心。

西洋「為什麼」會成為西洋？在解答了這個問題之後，就必然會看出「崇洋」的心態有某種程度的不正常，也必然可看出「愛國」志士們所提出的理由不是十全十美。在這個世界距離已由科技縮短的今日，文化交流已成為不爭的事實，如何取捨的問題，如何取長補短的問題，當然迫在眉睫。認識西洋尤其成為首要任務。在一百多年認識西洋的努力中，消耗在科技「如何」的問題上花費了太多的精力，而在哲學的「為什麼」課題的探討，則始終沒有開拓出一條明朗的大道。

筆者不揣冒昧，想在「西洋哲學入門」上做一些根本的介紹工作。恰好《哲學與文化》主編相邀，囑咐用極淺顯的文字，向大眾讀者簡介西洋哲學，因而設計了《西洋哲學十二講》，以西洋哲學史的發展為經，以西洋哲學思想內容的探討為緯，順序講解西方人士在精神文化上的基礎，希冀解答西洋之所以成為西洋的

理由，順便也指出西方文化的優劣處，藉以提供給專務洋化的先生們，一種入門的參考。

本文包含十二篇，連此篇〈引論〉共計十三篇。分十三期刊完。在十二篇內容中，依照西洋哲學史的分期分成四段：希臘、中世、近代、現代，每期三篇；前一篇作該期的總論，作為單篇去讀可以之作為斷代史；作為整體之一部份時，則可與他篇首尾相連，而成一通史架構。每期三篇的後二篇則選拔足以代表該期的二位哲學家。希臘部份選了柏拉圖與亞里斯多德，中世部份選了奧古斯丁與多瑪斯，近代部份選了康德和黑格爾，現代部份選了胡塞爾和柏格森。

在進入系統的介紹之前，筆者先提出關於哲學的一般知識，作為《西洋哲學十二講》之入門。

一、哲學的意義

中文「哲學」一詞來自日本人西周，譯自洋文 "Philosophia"，時為明治天皇六年，即西元一八七三年。

洋文 "Philo-sophia" 一詞源自希臘文的 "philia" 和 "Sophia" 二字，意即「愛智」。愛慕智慧成了「哲學」字面的意義。

西方最先引用「愛智」一詞的，是赫拉克利德斯 (Herakleides ho Pontikos)，他並且指出，愛智之人（哲學家）是要「用一切去衡量一切」。

後來畢達哥拉斯 (Pythagoras, 570-469 B.C.) 自謙說自己一切科技都不懂，只是「愛智」而已。他並且把前往奧林匹克的人分成三類：第一類去參加競賽，想求名，想得錦標；第二類去參加

運動，對得獎不感興趣，只為鍛鍊身體；第三類不是參加競賽，也不參加運動，而只是觀看。畢氏以為，只有這第三種人才是真的哲學家；也就是說，哲學的研究不是為眼前的現實問題，而是為更高一層的問題而努力。

到了蘇格拉底 (Sokrates, 470-399 B.C.)，就正式用「愛智」作為哲學方法和內容；以為追求智慧，就必須承認自己的無知，而用諷刺法，辯證出別人的無知；用催生法，導引別人走向知識之道路。

自柏拉圖 (Platon, 427-347 B.C.) 之後，西洋哲學就成為研究宇宙和人生問題的終極學問，一切問題都在究極中探討終極的解答。

在中國，「用一切去衡量一切」，或是為宇宙和人生提出終極問題，並探討終極解答的學問，向來都沒有統一的名詞界定。《莊子·天下篇》用的是「道術」，魏晉時代用「玄學」，宋明時代的「理學」、「道學」、「義理之學」等等，指的都是「哲學」。

於是，「哲學」的意義就在於探討宇宙問題和人生問題，而且從根本著手，謀求根本的解答，並且用一切可能的問題去詢問，也用一切可能的答案去解答。

二、西洋哲學

本文的中心課題是探討西洋哲學，亦即討論西方人士在面對宇宙和人生時，所提出的問題和答案；從而窺見西洋人的智慧，以及其特殊精神文化，尤其他們的人生觀以及做人處世的態度。在探討洋人對哲學的研究時，我們將發現其特殊性並不在問題和

答案上，而是在提出問題以及提出答案的方法上；方法論成為西洋哲學關鍵課題之一。

　　由於提出問題和答案的方法不同，也就形成問題不同以及答案有異。西洋文化源自希臘諸海島，海島生活環境導引著人性智慧的啟發，形成「競爭」的文化事實，這事實落實到奧林匹克運動會。這種原屬祭神以及競技的集會，成為西方文化早期的中心，在時間上成為紀年的標準（譬如泰勒士生於第三十九屆奧林匹克的第一年，死於第五十八屆奧林匹克期間）；在空間上成為希臘各城邦集會的地點，是各殖民地與盟主文化交流的中心。

　　在生活與享樂二者都落實在競爭上時，凡是人性理知所不能解答的問題，都訴諸於神話系統；在競技場上，神行太保亞奇力士的傑出表現，只好透過神話，以為亞氏母親與神明交合而產下亞氏，因而亞氏外表雖有人身，但精神卻是屬神的；這種解答確實滿足了當時觀眾的好奇心和求知欲。

　　希臘神話的智慧，表面上看來，是要解答諸神與人際間的關係，其實卻是啟發並界定了西方今後的思想方法；致使今後的西洋哲學，凡事都要求「合理」的解釋。「理」的要求，以及「知」的嚮往，就成了西洋哲學今後的途徑。

　　以競爭為背景的「理」和「知」，貫穿了西方哲學的全面。當「知」的極限結束了亞里斯多德的「形上學」和「物理學」時，羅馬倫理學者的「行」曾一度設法擺脫「競爭」而退隱到「與世無爭」的修身探討中，這種「出世」的思想，後來為東方的希伯來文化的輸入，改變了初衷，而畢竟把競爭改為仁愛；這也就是西方歷史從奧林匹克的中心改為以耶穌基督為中心的理由。

　　希伯來「信仰」的方法和內容，聯合了希臘的「知」，以及羅

馬的「行」，使西方繼羅馬六個世紀思想空白之後，又興起哲學探討的高潮；歷經教父哲學「信」與「知」的融通，以及士林哲學「信」與「知」的嚴格劃分，形成西洋哲學分段中，歷時最長的一個階段，宗教情操的發展，對人生和宇宙的探討，都有著不可磨滅的貢獻。

　　尤其十三世紀修會與大學的創立，孕育了後來定型的學術研究方法，更啟發了日後文藝復興以及啟蒙運動的高潮。

　　十六世紀的宗教改革，曾一度因了「信」與「知」的隔離，給予理性主義和經驗主義誕生的機會；後二者以平面的、數理的「知」，嘗試著否定立體重疊的宇宙觀，以及價值體系的人生哲學；但畢竟由德國的康德以及繼之而起的觀念論所修正，回復到知物知人知天的傳統智慧中。

　　從希臘一直到黑格爾的哲學發展，二千多年來，都發揚著人性善良的一面；「知」、「行」、「信」的理想都向著「真」、「善」、「美」的境界。隨著黑格爾之後而興起的，是西方十九世紀後半期的混亂和黑暗，人性在此期所遭受的污蔑，是人類歷史中前所未有的事情。被基督宗教的仁愛精神所感化了的「競爭」思想，此時又死灰復燃，而且變本加厲，創生了以「鬥爭」為中心的唯物、共產、實證、功利、實用等學說，不但助長了白種人的種族歧視，在美洲販賣黑奴，而且又以堅甲利兵東來，更要奴役黃種人。西方宗教情操的低落，藝術情調的迷失，倫理道德的忽視，而導引了人性的浩劫。「西方沒落」的感嘆，為西方文化亮起了紅燈。

　　幸好西洋斷根的時期並不太長，二十世紀之初就出現了幾位先知和聖者，以孤臣孽子的心腸，負起了復興文化的使命。法國

的柏格森，以生命哲學的架構，醫治了實證主義的病態思想；德國的胡塞爾，用現象學的方法，重新在唯物的洪流中找到了精神的優位；美國的杜威和桑他耶拿等人，在實用的短視中，重新找到精神的永恆性和價值的絕對性。

與中國哲學和印度哲學一樣，西洋哲學的發展，有高潮也有低潮，有人性的發揚也有人性的污蔑，有倫理、藝術、宗教的極盛時代，也有此三者的沒落時代，有崇拜科技時期，也有認清科技為工具的時期。

三、西洋哲學的分期及其發展

雖然本文把西洋哲學分成希臘、中世、近代、現代四期，但是，站在文化思想的變遷看來，西洋哲學實可分為七期：在希臘和中世期間有羅馬時期，近代可分為前、後二期，即著重數理平面之宇宙探討，以及把宇宙人生化作立體重疊二種不同的時期；此外，在現代哲學中，十九世紀後半期與二十世紀哲學又截然不同，前者重物質，後者重精神。因此，西洋哲學的七期分類如下：

一、以「知」為中心的希臘時期，有三百年的光榮歷史。

二、以「行」為中心的羅馬時期，佔時六百年。

三、以「信」為中心的中世哲學，為時一千二百多年。

四、回復到「知」層次的理性主義和經驗主義，為時一百五十年。

五、能融洽「行」和「知」的康德以及繼起的德國觀念論，只有五十年的歷史。

六、把人性局限於自然科學的「知」是十九世紀後半期的思

想，有七十年的混亂時期。

　　七、二十世紀西方又拾回精神價值，大有把「知」、「行」、「信」三者融為一爐的趨勢，至今亦已一百多年了。

　　希臘開創了西方的哲學思想。在以神話為背景的思想中，設計了宇宙的藍圖以及人生的理想；其知識探討的方法，奠定了西洋今後的邏輯法則；其在人性的研究上，在時間上推出了前世、今生、來世三度重疊，在空間上指出了神性、人性、物性的三重本質；其在仰觀俯察時，獲知宇宙之構成乃由觀念與感官對立的二元宇宙觀。因而，希臘哲學在「知」的層次上，發揮到了極致，能自形而下的物理探討，直透形而上的存有本身。在完成人性的努力上，在時間的三度重疊中，特別著重「今生」，在空間的三重本質中，選擇了「人性」，而在二元宇宙觀中，雖然覺察到觀念界為真，可是並未陷入「出世」的桎梏，而極力設法把觀念界的真、善、美的理想國，實行到此世來。希臘的智慧雖有奧林匹克的「競爭」，使人性在本質上遭受到某種程度的損害，但是，在求知的心態上，卻發揮了洋人的嚴格的知識方法；對於今後的自然科學發展，有不可磨滅的貢獻。

　　但是，這種「知」的高峰只有三百年的光榮，隨著而來的，是羅馬六個世紀在思想上的沒落；「行」的探討表面上看，固然在發展人性，但是，卻在逃避著哲學的「用一切去衡量一切」的原義。無論是司多噶學派，或是伊彼古羅派，都在尋求解脫，而不是面對現實。這種出世的思想，恰好走離了希臘入世的豪情。羅馬帝國在政治上的輝煌成就，卻也無法給哲學注射任何的興奮劑，正如中國漢朝時代一般，政治英明，但哲學卻在迷失之中。

　　就在西方沉醉於解脫個人困苦的出世思想中，東方希伯來民

族給他們帶來了曙光，以建立天國於地上的理想，聯合著希臘的
理想國設計，使中世哲學再度展示了西洋文化的創造性，以「信」
和「知」的雙重能力，重新探究了宇宙和人生的根本問題；其形
上學的發展獲得了神學強有力的協助，不但在內容上充滿著人性
在神性中的宗教情操，而且在方法上擬訂了四科三目，成為後來
各學術機關的最根本藍圖。教父哲學對「心」的發明，士林哲學
對「理」的闡發，把人性的能力和極限，安置在天和地之間，使
人性因了「上帝肖像」的本質而能頂天立地。

　　不幸，宗教情操的發展，曾因了共相之爭的純「知」課題，
把立體重疊的宇宙和人生，化作數理平面來探討，從共相之爭改
頭換面，變成實體之爭，無視於倫理、藝術、宗教的人生境界，
而把「知」局限在邏輯法則與物理法則之中；懷疑精神與獨斷偏
見，使人生陷入於迷茫之中。幸好有康德出來，以倫理道德規範，
提升了主體性的尊嚴，繼而有德國觀念論的倡導，使辯證的邏輯
理論，適應到具體存在的宇宙法則中；重新拾回因啟蒙運動以及
文藝復興所輕易拋棄的價值體系。

　　德國觀念論的早熟，促使黑格爾造成了理想型的廣大悉備的
體系，但是，西方的心靈卻因醉心於工業革命的物質技術成果，
因而激起了黑格爾左派的反動，而造成西方十九世紀後半期對科
技的迷信和獻身：德國的唯物論以及共產主義，因了進化論的支
持，設計了一套本屬具體社會的形上學，以「鬥爭」為事實的原
理原則，涵蓋了一切現實世界與理想世界。法國的實證主義把對
科技的認識，當作是人類知識的唯一尺度，於是在人類歷史的演
變中，宗教、藝術、倫理，都是過時的東西，唯有實驗室才是製
造真理的場所。英國泛濫了功利主義，把眼前的利益視為具有永

恆的價值，而忽視了人性的超越能力，以及其超時空的傾向。美國出現了實用主義，以價值中立的原理，劃定了人性的極限；因之，所謂倫理道德，也不過是應時的產品而已。

　　二十世紀以來，西方不少學者痛定思痛，尤其再在中世哲學作品廢墟中，找回精神的文化結晶，重新以「用一切去衡量一切」的方法，探討當代人對天、對物、對人的觀感；並重新界定自身的存在於宇宙萬象之中。生命哲學告訴世人，如何可在實證的法則中，找出生命的真諦，而同時卻發現生命本質是超越實證法則的。從物質的層次一直往上升，經過生命，經過意識，而最後抵達精神。順著實證的法則去追尋，會發現生命體的結構絕不同於物質；因而結論出，生命體是「有物質的生命」，而不是「有生命的物質」；如此類推，發現人類是「有物質的精神」，而不是「有精神的物質」。德國的胡塞爾發明了現象學方法，以數理和心理的立場，解釋了主客間的知識關係，把科學的「知」與哲學的「存在」相連於意識之中，打通了從知識論走向本體論之艱鉅道途。胡塞爾主體性的發現，使德國唯物論在哲學上再也找不到立足的基地。針對實用、功利等學說，桑他耶拿提出了「第三物性」，杜威尋回了宗教價值，使主體性的存在地位，變成具有客觀因素的性質，使世事中相對的人生，可在信念中獲得絕對的保證。士林哲學在二十世紀中，又以新的姿態加入了哲學的行列，以人性的整體性，設法統一科學、哲學、神學，把知、行、信三者看成發自同一主體的行為，而且，將這些行為的動向統統歸結到真、善、美、聖的追求，把「心」和「理」統一在主觀心靈之內，把情、理、法三字架構成宇宙和人生的新藍圖，德日進在考古學和地質學的研究，以及其在哲學和神學的底子上所建立的「統一」，會是

西洋哲學將來的展望。

西洋二十世紀曾一度掀起了存在哲學的高潮，以具體的人生感受作為出發點，希冀從存在的層次回歸到本體界，對人性的荒謬和矛盾、苦悶和痛苦，作一種根本的處理；不是問及如何解脫苦難，而是探討苦難的意義；以人際關係的開拓，發展人類知物、知人、知天的根本知識；從神學開始，歷經哲學的探討，文學的描述，最後又回到神學的懷抱，企圖以「人」作中心，統一天、地、人三者，融神、人、物於一爐。

存在哲學關心人的具體存在問題，在崇拜科技的二十世紀，曾經發揮了很大的作用。這種哲學目前雖已過時，但是，其對精神價值的重視，則爭取了永恆的價值；在哲學史中將永遠佔有一席之地。

四、西洋哲學內涵

上面已經提及了西洋哲學重「知」重「理」，一切都要以瞭解的方式去把握；因而其內涵最先要被提出的，就是「知識論」的問題，如何認知？以及如何把認知的理由解說清楚？就成為西洋哲學最先的入門工作。西洋從先蘇格拉底的帕米尼德斯開始，就孕育了邏輯思想，及至亞里斯多德的《工具書》問世之後，思想方法就有了定型。後起的無論是理性主義，或是經驗主義，又無論是主理主義或是主意主義，都必須先透過邏輯的思想法則，去把握外在世界存在的範疇，思想法則的分析入微，以及存在法則的深度闡明，在在都指出邏輯與範疇的融通，在在都指出思想和存在的一致性。知識論的發展，不但指出了人的思想，有認識事

物的能力，而且更反省出，思想本身就是一種存在；這存在雖然
與事物的存在有區別，可是，知識在求真的前提下，卻能過渡到
本體論中的觀念界與感官界的二元劃分。

　　知識論的目的在於知物、知人、知天。在這三知背後，隨著
而來的即為「形上學」的原理原則。形上學要探討的問題是：存
在究竟是什麼？存在究竟有什麼意義？為什麼存在？到最後，配
合著知識論的成果以及人性的自我追尋，而把問題統統轉移到：
我自身為何存在？這種問及人生的意義課題，顯然的，要從宇宙
開始，然後設法把人生安置在宇宙之中。於是，各種原理原則便
透過知識的探求，在終極的答案中，展現出來。

　　宇宙的原理原則，人生的原理原則，在用一切去衡量一切的
方法中，終究促成了個人在塵世上安身立命的人生觀。人生觀的
確立，是人類藉以生存，宇宙藉以存在的最終理由。宇宙起源問
題，人生歸宿問題，都要在形上學的探究中，獲得使人滿意的答
案；使人性在自身生命過程中，安身立命，意識到自己生命的意
義；能在放眼四周環境中，頂天立地；利用自身天賦的智慧為自
己的未來設計，為世界、為人類創造光明的前途。

　　於是，人性就從抽象的原理原則走出，進入價值哲學的園地
中，從「形上學」的理論走向實際的人生範疇中。人生哲學的設
計，上可以抵達宗教、藝術、倫理道德，下可以建設國家社會，
甚至日常生活的各種小節。只要一個人在形上學的園地中獲得了
正確的人生觀，其具體的生活方式必然會導引出自身的幸福，進
而造福人類、造福世界；否則自身生活就會迷失，說不定還為害
人類社會。

　　西洋哲學的內涵，就在這種從「知識論」到「形上學」，再從

「形上學」到「價值哲學」之形式中，隱含了全部的內容。

　　「知識論」的形式是邏輯法則，其內容則可以是宇宙間「和諧」的現象，也可以是在完全相反的立場上所得到的，宇宙間的「競爭」，甚至「弱肉強食」的事實。知識內容的不同，就導引出「形上學」原理原則的互異：在知識論上主張「和諧」的，在形上學上就確立「仁愛」的人生觀；在知識論上主張「競爭」的，在形上學上就奠立了「鬥爭」的基礎。西洋哲學發展史中，從希臘羅馬，一直綿延到十九世紀後半期，甚至促成二十世紀的共產唯物思想，都是順著「知識論」對「競爭」的觀察和信念，而獲得了宇宙和人生的存在法則，都應以「鬥爭」為本質。西洋中世思想，由於希伯來信仰的輸入，加入了「仁愛」的本質，其「知識論」的仰觀俯察，陶醉在宇宙「和諧」的美善之中，而以耶穌基督本身的仁愛犧牲，啟發了「施比受有福」的人生態度。由於這兩種截然不同的人生觀，因而在應用的「價值哲學」中，就顯示出完全不同的人生社會結構；共產國度與民主國度的分野已是昭然若揭的事實；而在民主國家中，何者保有「仁愛」的原理原則，何者仍陷入於「競爭」的桎梏中，亦不難使人分辨。

　　「知識論」決定「形上學」，「形上學」決定「價值哲學」，西洋哲學就在這種形式中，發展了哲學的各種內涵。

　　在仰觀天象，俯察地理的探討中，西洋人發展了物理的研究興趣，對天文、地理的認識，發展了自然科學的各種方法和成果，開創了人類的文明生活；哲學就以「工匠人」和「智慧人」的榮銜，冊封給有貢獻的人類。

　　如何利用物質，如何從物質的再造和重新排列次序中，攝取生活情趣，就成了人文世界與自然世界的分界線。可是，在人類

對世界的觀察中，發現物理之中，尚有高一層的生理存在，生命的出現和發現，是人性在塵世間很大的收穫之一。還有，生命之上的意識層次，神經系統的奧秘，更使有智慧的人類感嘆造物之美。及至，上溯到精神境界時，一切智慧的花朵都盛開在人文社會中，人性因了對倫理道德，對藝術，對宗教的熱情，使自己超乎一切之上，能夠站在自身之外，去探討哲學的問題，去為自身在宇宙中安置一適當的地位。

「價值哲學」是哲學的「用」，它要在具體的人生中，發揮它的領導作用；在倫理規範的形上學原則下，設法用最有效的方法，去把人性從荒蠻中提升到「善」的境界；把人從庸俗的看法中超度到藝術「美」的境界；同時更要以宗教的情操吸引人到神聖的境界。在真善美聖的境界中，卻生活在日常普通的生活裏，「身在此世，卻不屬於此世」。

西洋人性論的發展，採取了嚴格的靈肉二元二分法，而且在二元劃分中，總是採取了靈魂的優位；因而在精神與物質的二元對立中，也是以精神為主的看法：希臘如此，羅馬如此，中世如此，近代如此，二十世紀的哲學也如此，只有十九世紀後半期有七十年的例外。因而，以為「西洋重物質」的說法，實有斷章取義之嫌。西洋人固然重物質，可是，在西洋哲學發展歷史中，他們更重精神；從學術的發展，思想總是領導科技；思想家所著重的仍然是精神生活，這精神生活雖然有物質作條件，但也只是條件而已。

縱觀西洋哲學發展史，縱觀西洋哲學內涵，雖然有時以「宇宙」為研究中心，雖然有時以「神」為研究中心，但是，其根本問題的出發，仍然是「人」的問題，仍然是「人本」的哲學體系，

仍然是「人文主義」的精神。

　　就在「人」的發現中，不但縱的方面發展了「神」、「人」、「世界」三大存在階層，而且在橫的方面也推出了「前世」、「今生」、「來世」的三度時間因素；它不但要解決「生從何來」以及「死歸何處」的問題，而且還要給人生指示出「安身立命」的此世生活規範。

　　在人性在宇宙間的「安身立命」的寄望下，設計了「倫理」的、「藝術」的、「宗教」的層次，把塵世改變成天國，不但有「工匠人」改造環境而使人過一種富裕的生活，而且有「智慧人」的指點，使人有精神的高度享受；「倫理」要把人性的善良發揮到「至善」之境，「藝術」要提升人性到「忘我」之地，「宗教」使人在今生的生命過去之後，緊接著去享受永恆的生命。塵世的一切苦悶和憂患，都要因了倫理、藝術和宗教，被超度到形而上的彼岸。在那裏，人性止息在自身完美的境界，像柏拉圖指出的「至善」，像中世所說的「上帝」，像黑格爾提出的「絕對精神」。

第一講　希臘哲學總論

緒　論

　　西洋哲學的發源地是希臘稱霸西方時的海島。海島生活以漁業和經商航海為主；而海洋生活必須「認清」天文和水性。於是，無論站在「生活必需」的立場，或是站在「生活享受」的態度，希臘殖民地的百姓，都必須靠「知」的探討和深入，來善度自己的一生。

　　就在仰觀天象和俯察地理的「知」識研討中，希臘人發揮了他們天賦的智慧，為宇宙為人生「想」出了許許多多的思想，使人生可以在這個世界上安身立命。

　　就在「知」的層次中，希臘人在「知人」、「知物」、「知天」的次序上，先是為了「生活必需」，而選擇了「知物」的層次，希望先以「工匠人」的身份，征服這個世界，改造這個世界，把「自然世界」改造成「人文世界」。

　　可是，「知物」的目的還是為了人，於是緊接著「知物」而來的，就是「知人」。希臘人在「知人」的工夫上，發展了「智慧人」的本領，把人的本性超度上升，以宗教性的以及倫理道德的規律，

使人性發展到神性的境界。

　　神性總是所有哲學課題最困難的一部份,「知天」的嘗試,也曾經使希臘的思想,走向了智慧的高峰。從奧林匹克成為文化的中心之後,神話的體系漸漸地催生了哲學的思考,而使西洋今後的哲學都順著「合理」的路線發展。

　　西洋早期的歷史中心奧林匹克,一方面固然指出了哲學的思想有神話作為最終的理解;另一方面亦指證出:西洋文化的特性是「競爭」。這原是由海島文化的經商捕魚所無法避免的必然傾向。

　　由「講理」和「競爭」的文化型態所發展出的哲學體系,就成了今後西方思想的特性。我們從這種路線入手,也就容易把握住西洋哲學的方法和內涵。

　　在探討西洋早期哲學的各種方法中,筆者分成三方面著手:先是希臘哲學「史」的發展,站在希臘文化體系之外,完全以客觀的觀察,看其哲學的起源,前因後果,高潮低潮,以及思想的出路。繼則走進其哲學的堂奧,觀察其哲學的內涵意義,以主觀的感受,分析並批判他們的思想內容。最後,在可能範圍之內,提出人性的「全稱」,以與希臘哲學互相觀摩,以期達到「用一切去衡量一切」的哲學廣度,以期完成人性對「真、善、美、聖」的追求欲望。

　　現在,我們進入主題,首先探討希臘哲學「史」的發展。

第一章　希臘哲學「史」的發展

　　希臘哲學史的發展分為二大時期，一為「先蘇格拉底期」，從哲學發源開始，一直發展到蘇格拉底的知識啟蒙；一為從體系的建立開始的「雅典學派」，包括蘇格拉底、柏拉圖、亞里斯多德三位大哲。

　　先蘇格拉底期（以下簡稱「先蘇期」）由於各種思想都只有斷片，而斷片的收集和整理又是後人的工作，其思想體系很不容易理出一條清晰明瞭的思路；這種缺陷幸好有後來集希臘哲學大成的亞里斯多德，在系統的著述中，收集和整理了這些早期思想家的遺言，以及一些希臘以及希臘羅馬時期的歷史家所作的記述，作了必要的補充。我們就憑了這些史料去瞭解當時的哲學思想，尤其是他們發展的情形。

第一節　先蘇期

　　在先蘇期的哲學萌芽時代，希臘早幾個世紀已有神話系統的誕生。希臘本土的神話由荷馬 (Homeros) 所收集而將之系統化，編成了以「理論」為中心的詩篇，說明了神明的起源以及其與人類命運的關係。在同一時期裏，希臘又有赫西奧 (Hesiodos) 神話家，用「實踐」為骨幹，而編寫了希臘早期神話的傳統。

　　荷馬和赫西奧的神話系統要解決人生的「理論」和「實踐」的問題。時為紀元前七世紀時候；一世紀之後，東方「主行」的

人生觀，給希臘帶來了另一種神話，此即奧而菲 (Orpheus)。於是，在希臘最早期的思想中，已隱含了「主知」和「主行」的兩種傾向。而且，地主思想主知，外來思想主行。

　　亞里斯多德稱神話是哲學的朋友；指出西方繼神話而來的，就是哲學。神話提出了神的「起源」問題，哲學所要提出的，則是宇宙的起源問題。

　　關於宇宙的起源，初期思想家用「太始」(Arche) 概念，設法用單一的，普遍的名詞，來指出宇宙太初的情形。

一、米勒學派 (Miletos)

　　希臘諸海島中，最先提出哲學問題的，是米勒島。島中出現了師徒三代：有被亞里斯多德稱為「哲學之父」的泰勒士，有最早形上學者亞諾芝曼德，還有亞諾西姆內。

　　(1)泰勒士 (Thales, ca. 624-546 B.C.)：給我們留下了三張斷片：「宇宙的太始是水」、「地球浮在水面上」、「一切都充滿神明」。從這三張斷片的綜合所得，我們便確切知道，「水」只是一種代名詞，表示著「生」的概念；這「生」的深義一方面表示著海島生活與「水」的密切關係，他方面又指出人的「知」性，可以用抽象的方式去懂得具體的事物。

　　(2)亞諾芝曼德 (Anaximandros, ca. 610-546 B.C.)：繼其師泰勒士之後，即刻用最抽象的名詞來表出「宇宙太始」的情形。「無限」或「無界限」(Apeiron) 才是宇宙的太始，因為唯有本身是無限的，才能產生出多采多姿的世界以及萬事萬物。

　　(3)亞諾西姆內 (Anaximenes, ca. 585-528 B.C.)：也許由於老師亞諾芝曼德的「無限」過於玄妙，但又不肯用泰勒士的「水」，

於是折衷辦法，以「氣」為宇宙的太始。「氣」是呼吸的象徵，比水更有活力，也更富於流動變化；因而也被認為更能是宇宙原始時期的存在型態。

二、畢達哥拉斯 (Pythagoras, 570–469 B.C.) 及其學派

前面的米勒學派主知，所提出的問題是關於宇宙的太始，希望能認識世界，而透過認識而佔有和征服世界。這是希臘本身的思想；充份表現了「競爭」的心態。

但在米勒學派的同時，早就在意大利南部盛行的一種宗教團體，從東方的人生智慧中，獲取了一些「為人處世」之道，而以「行」的方式，去補足「知」，以及「人性」的探討，補足對「宇宙」的認識。

畢達哥拉斯所關心的問題，是人生從何來，應作何事，死歸何處的切身課題。站在米勒學派用「質」的名詞來指出宇宙太始的立場看來，畢氏提出了「形式」的答案，以為人性及物性都由「輪迴」的法則所支配，因而宇宙太初包括人類在內，都是命運之「數」來決定。相對於「水」或「氣」，「數」誠然是一種形式。畢氏在哲學上的表出，更注意了人性以及法則的層面。

米勒學派只知道人性「認知」的能力，而畢達哥拉斯及其學派則多少發現了人的「極限」，生、老、病、死的體驗及觀察，使希臘早期思想除了在「知」的問題上用功之外，還在人性自救的課題上，發展了「行」的層次。

「輪迴」學說的倡導，不但在倫理學上叫人行善避惡，以求得死後的報應，而且指出了靈肉二元的主張；並且，更主要的，是重視靈魂而忽視肉體的思想傾向。「肉體——墳墓」的學說，正

是西方尊重精神，鄙視肉體的先聲。

「知」與「行」的相互補足，「靈」與「肉」的二元劃分，漸漸地導引著希臘早期思想，向著體系建立的架構前進。

三、伊利亞 (Elea) 學派

希臘本地的「知」的思想，由伊利亞學派發展至高峰。和米勒學派一樣，伊利亞的思想家也是師徒三代，有注重「唯一」概念的色諾芬尼，有發明思想法則的帕米尼德斯，還有著名的反運動變化的齊諾。

⑴色諾芬尼 (Xenophanes, ca. 570-475 B.C.)：最先提出反對神話系統的論證，以為一切的雜多都是假象，以為眾神的各種描述都是虛構；主張真實唯一，真神唯一；這「單一」才是宇宙萬事萬物的太始。

⑵帕米尼德斯 (Parmenides, ca. 540-470 B.C.)：更進一步，探討思想與存在的關係。而以思想的清晰明瞭，以及存在的各種模糊現象，因而斷定「思想」為真，「感官」為虛幻。到後來把精神看作真實，把物質當成虛幻。

⑶齊諾 (Zenon, ca. 490-430 B.C.)：由於老師帕米尼德斯提出了思想的優位，而提出思想法則的絕對性，同時，與這絕對性對立的，就是感官世界運動變化的不可能。齊諾提出了四種有名的反運動論證。

四、赫拉克利圖斯 (Herakleitos, ca. 544-484 B.C.)

提出了與伊利亞學派不同的意見，雖然同意「思想」的優位，但亦提出了感官世界的真實性。赫氏有名的格言就是由現象觀察

得出來的「萬物的流轉」(Panta rei)。而且把這種生成變化的現象用「火」表現出來，以為「宇宙的太始就是火」。「火」就指出了宇宙之生生不息現象。可是，宇宙的這種現象，有什麼背後的動力呢？赫氏就提出了「羅哥士」(Logos)，以之作為一切變化現象的原理原則，開始與目的。「羅哥士」是變中不變的最終存在，是永恆的，是絕對的；它超越了各種存在，但同時又內存於各種存在中。

　　宇宙太始的問題，發展到赫拉克利圖斯之後，就算告一個段落，其繼起的哲學，對思想的法則漸漸不感興趣，而轉而落實到宇宙「原質」的課題上。

五、機械論 (Mechanism)

　　最先撇開「太始」問題不談，而專心於「原質」問題的探討。這派有三位代表：

　　⑴恩培多列斯 (Empedokles, ca. 492-432 B.C.)：首先提出世界的原質是水、火、氣、土四元素，這四元素由「愛」或「恨」而結合或分離，而形成各種生成變化現象。

　　⑵德謨克利圖斯 (Demokritos, ca. 460-370 B.C.) 與雷其博斯 (Leukippos)：史稱二人為原子論者。他們以為恩培多列斯的四元素，還是太多，而應回歸更原始的「原子」處。以為原子與原子間只有量的多寡，沒有質的差別；原子因愛或恨而離合，形成世間形形色色的事物。

六、亞那薩哥拉斯 (Anaxagoras, ca. 500-428 B.C.)

　　由於不滿意機械論對宇宙的解釋，而向德謨克利圖斯提出了

一項質問:「不是頭髮的,怎麼變成了頭髮?不是肉的,怎麼變成肉?」原來,在亞氏看來,原子的聚散,只能解釋物理現象,卻無法解釋生成變化;「生」與「滅」並非永恆的原子可以解答的課題。

正因為機械論者無法提出答案,亞那薩哥拉斯就提出「精神」才是事物生成變化的原因;以為一切物質的生滅都由精神來控制。

七、詭辯學派 (Sophistes)

就在精神能決定一切的前提下,希臘早期政治家就要利用「思想」,去爭奪政治上的權力。其間出了不少只講求主觀,而忽視客觀標準的演講家。這裏試舉出有代表性的二位:

(1)普羅達哥拉斯 (Protagoras, 481–411 B.C.):提出了一句名言:「人為萬物的尺度」。這句話肯定了一切,但是,這種肯定純粹是主觀的,絲毫沒有客觀的標準。西方哲學的發展,肯定人性能力的,莫此為甚。

(2)格而齊亞斯 (Gorgias, 483–375 B.C.):與普氏相反,他要以主觀的能力,來否定一切。他提出了三句否定語:「根本就沒有什麼東西存在」、「如果有什麼存在的話,也不可能被認知」、「如果可能被認知的話,也不能把所知告訴別人」。最後一句否定了人與人之間的知識傳授,第二句否定人的知識能力,第一句根本就否定一切。

按詭辯派的說法,一切都是主觀的,是存在,是虛無,都由人類思想所決定。於是,客觀真理就不存在了。哲學發展到詭辯學派,可說再也沒有什麼可談的。唯一的出路就是訓練口才,強詞奪理,利用哲學去搞政治。

第二節　雅典學派

就在哲學要被政治的洪流所吞沒時，雅典出了師徒三代，以偉大的思想體系，建造了哲學的殿堂。

一、蘇格拉底 (Sokrates, 470–399 B.C.)

在詭辯派的混亂中盡力肯定了客觀的真理；以雄辯的口才，駁倒了當時所有的詭辯學者，在方法論上首先發明了「諷刺法」和「催生法」；在生命哲學上，首先提出了「知」、「行」合一，並且，以自身的生命，保衛了真理。

蘇氏方法論開創了希臘的知識啟蒙；他的「諷刺法」緊迫著辯論的對方承認自己的「無知」，指出「自承無知」才是獲得知識的入門。

在一個人承認了自己的無知之後，蘇氏受了乃母產婆的啟示，用「催生法」為對方的知識催生。專門研究概念與事物之關係，尤其各種抽象概念之獲得與應用，像勇敢、德行等等。以為我們日常語言中所指，其實都是從感官經驗抽象出來的共名；理念界與感官世界有不同的存在法則。

在「知」的方面，蘇氏從「無知」到「知識」，開始了一條概念的通路。

在「行」的方面，蘇氏由於在知識上獲知了觀念世界與感官世界的二元，於是有了看不見的世界與看得見的世界的二分，也就因此在自身的生存遭受到困難時，肯定來世與今生的二元分立；而且，相信來世的彼岸是正義的國度，而今生的此世則是充滿不

公不義的處所。也就因了這種信念，蘇氏毅然決然地接受了雅典政府的死刑宣判，明知自己被告的罪名「煽動青年」與「不敬神明」與事實不符，但仍然不肯逃亡，而吞服了獄卒所交來的毒藥，而與世長辭。

蘇氏死前對弟子的訓辭，一方面揭示了他對「靈魂不死」的確切信念，另方面指出了人類的行為由「目的」來決定，因而也暗示了人性的可貴處，就在於能自由抉擇；人的精神高於物質。

綜觀蘇格拉底的哲學，開始時以「人」為中心，以其「知」識的能力作為研究的起點，終結在人性的靈肉二元，而且靈魂不死不滅，肉體卻有朽有壞；人性就憑藉著靈魂而會追求真理，追求正義。

由於人性的探求而導致世界的體認，覺得「世界」是不公不義之地，是人性接受考驗的地方，並非久居之地；而正義之處在彼岸，人要憑著對正義的追求和實行，才能抵達該處境界。

二、柏拉圖 (Platon, 427-347 B.C.)

繼承了老師的知識論和人生哲學，更集合了以前的各種哲學思想，建立了西方最早的完整體系。從知識論的「概念」開始，柏氏更進一步問及其起源。於是首創觀念論，徹底化觀念與感官為二元世界，以感官世界事物之接觸，開導著靈魂的「記憶」，使人性在塵世間「憶起」自己往昔在觀念界所見所聞。因而，觀念界的一切，連人的靈魂在內，都是真實，而感官世界，連人的肉體在內，都是影像。

這麼一來，人生在世的責任，就是如何使靈魂擺脫肉體的束縛，而專門欣賞觀念界的事物。

可是，這種對觀念界的嚮往，並不意味著人應該離開肉體，像蘇格拉底一樣，在肉體死亡之後，靈魂單獨走向正義的彼岸；而是反過來，以人性本身的二元（有屬於觀念界的靈魂，又有屬於感官世界的肉體），要用具體的政治體系，把觀念界的理想國，實行到此世來；使人的靈魂能夠平安地在肉體內，渡過美滿的人世生活，而終歸回到觀念的故鄉。

柏拉圖的這等想法，用很有體系的「理論」和「實踐」兩部份來表出：在理論方面，為了要解釋老師的知識問題，先設計了「觀念論」，規定了宇宙絕對二元的分立；繼承了畢達哥拉斯的輪迴學說，承認靈魂的先天性以及永恆性，並把時間推定為三度：過去、現在、未來；而把靈魂安置在觀念界，使其擁有過去和未來的二度空間，而把靈魂投胎到肉體的事實，看成時間的現在。於是，人生在世只是過渡時期，只是旅途之人。同樣，在知識的解釋上，亦是由於靈魂的先存性，而早已在永恆的觀念界中，獲得了所有的真知。靈魂降凡之後，受到肉體的束縛，就需由感官來喚醒記憶。但是，在人生哲學中，人性因為本質是靈魂，因而常想到彼岸的光榮，而一心嚮往；對觀念界的追求於是成了人性的一部份。

在「實踐」的課題上，柏氏先認定人的靈魂來自觀念界，將來仍要回歸到觀念界，因而要在塵世上建立理想國，使靈魂在脫離肉體束縛之後，能順利回到觀念界去。理想國的目的是為了人，故在談理想國之前，先要對人性有一種交代。但是，要懂得人性，就必須先曉得人生在世的世界；於是，在柏氏的「實踐」方面，還是先談了宇宙論，指出造化神如何在混沌中清理出有次序的宇宙（希臘原文「宇宙」就是「次序」）。可是，造化神並不滿意物

質次序，他要向至善觀念借一些觀念下來，降凡到物質界，使有次序的世界變得更加美好。這就是柏氏人性論中人類的起源。在這種情形之下，人的命運是悲慘的，多災多難的，故必須要有理想國的建立，以政治的具體方法，使人性可藉著塵世的生命，分受一些觀念界的榮光；使靈魂的前世、今生、來世有一種延續性的連結。

雖然，柏拉圖的政治理想並不見容於當時的列國，但是，其理想的國家社會，卻給了後世的思想家莫大的啟示。

三、亞里斯多德 (Aristoteles, 384–322 B.C.)

繼承老師柏拉圖未完成的工作。首先以為柏氏的觀念感官二元劃分固有道理；但是，以觀念界為真，以感官界為虛幻的想法，卻無法使亞氏心服。後者於是提出質問：如果我們的知識都來自記憶觀念界，為何我們倒忘了自身在觀念界的情況？於是，若說柏拉圖的哲學致力於把感官世界往觀念界推，則亞里斯多德就要把觀念界拉到感官世界。柏拉圖以感官界為虛幻，亞里斯多德則覺得感官界亦是真實。柏氏在知識論上只承認冥想的正確，亞氏則同時承認感官的可靠。

站在蘇格拉底的知識啟蒙面前，亞氏設計了整體的「思想」與「存在」的體系：柏氏重本體的架構，以「善自體」居高臨下，建構了宇宙論體系；亞氏重知識層次，用「邏輯」直透到本體的堂奧。

在具體的人生層次，亞氏首先探討了人性的認知能力，以為存在的法則和思想的法則，都可以用公式表現出來，於是開創了知識論上最根本的工具——邏輯。「同一律」、「矛盾律」、「排中律」

的發現，使所有的存在，都有範疇的法則可循；「概念」、「判斷」、「推理」的語言分析和綜合，使思想的法則有同樣的公式界定。

從法則的定立和運用，進而討論宇宙之真象；亞氏物理哲學的探討，使西方哲學對「物」的認知，有了最基本的草案。從物理而生理，從生理而心理，亞氏以「抽象」和「冥想」的方式，把人類的思想體系，引進到形上學的殿堂：以「形質說」的無限二元重疊來取代柏氏的單純二元宇宙；以各種運動變化的「潛能」和「現實」，解釋了從無到有，以及從有到無的生成變化現象。

在形而上的原理原則中，亞氏不但開拓了宇宙的存在架構與思維世界相互反影，而且把人性安置在自然世界中，使其頂天立地，樂天知命。就由這種人性的定位，回過頭來，落實到具體的人生設計。亞氏倫理學的貢獻，是希臘哲學給予西方非常寶貴的遺產。

在倫理學中，肯定了人性的精神價值，其「行善避惡」的天生良知，促使人類自身超越，以各種德目來裝飾自己的精神生活。人性的發展和進步，是在追求真善美的過程中，表露無遺。

亞氏到了老年，隨著精神的超越和發展，就到了藝術詩歌的境界，以自身的精神消融在大自然與觀念界之中；在時間上，發展了人性的永恆，連結著今生和來世；在空間上，發展了人性的無限，使其頂天立地，其上連結純形式的神性，其下超度純質料的物性。

希臘的哲學，以「知」的深度，發展到亞里斯多德時，已經度過了三百年的光榮歷史；哲學如果要繼續發展，只有三條路可走：一條是隨著亞氏形而上的箭頭以及柏拉圖所提倡的觀念界的高峰，去「探討」彼岸的真象；另一條是跟隨亞里斯多德發展物

理學的探討，用機械論的方式，尋求物質世界的奧秘；第三條路就是：在倫理學上或在藝術詩歌上發揮人性的真象。

　　可是，若要發展形而上，就必須有「從彼岸來的信息」；若要發展物理學就必須有科學的工具，如望遠鏡、顯微鏡等等。而這兩種條件，在羅馬取代了雅典之後的六個世紀期間，都付之闕如；也因此，在羅馬帝國時代的初期，只發展了人性論中的倫理學：司多噶 (Stoa) 和伊彼古羅 (Epikuros) 學派，都在倫理實行方面，費盡了人生的智慧，而在體系的建立方面，無甚大建樹，雖然其間有普羅丁 (Plotinos, 204-269) 出來，力挽狂瀾，想用柏拉圖的宇宙架構，重新恢復哲學的偉大堂奧，但是，其努力並沒有得到預期的效果。

第二章　希臘哲學的內涵

　　走進希臘哲學思想的殿堂內，就會發現西方古代所關心的問題，可以分成兩方面來看：一為宇宙問題，一為人生問題。

第一節　宇宙問題

　　對「宇宙」問題的啟發，固然一方面是生活需要所促使，但亦含有「觀察」的好奇心在內，先蘇期原始的探討從「太始」進到「原質」的課題，把宇宙化作認知的對象，其存在的形態是平面的，是感官知識的直接產物。可是宇宙真象在雅典學派的眼裏，則成了立體重疊的架構，其上有真善美的觀念界，其下有多采多姿的感官世界；而人性在宇宙中，則成了唯一溝通此二元世界的媒介。

　　可是，重疊的宇宙並不是靜止不動的，它是由因果法則所支配，形成變化多端的宇宙萬象；其間由物質、生命、意識、精神四階層的裝飾，編成了動態宇宙的發展和進步的藍圖；因果法則的本身固然像伊利亞學派所探討的成果，變成靜止不動的，但是，宇宙間各層次的存在則像赫拉克利圖斯所提出的 「萬物流轉」。

　　站在動的立場去看靜，或是站在靜的立場看動，都能發現希臘的宇宙是一大整體；在這整體中，一切都向著目的推進，都由物質和精神的光榮相互反照。而人性精神的降臨於物質世界中，使自然之美加上了人文世界藝術之美，進展到宇宙整體完美中。

尤其人性的道德規範，更把原始純樸的自然，超度到善的層次中。還有各種宗教的信念，把人性超度到神秘的最深層。人性在宇宙中是頂天立地的，是貫穿神性和物性的；一句話，希臘的宇宙觀的中心是「人」。「人」憑著自身的本質，連結了觀念與感官二元；「人」憑著自己天生的認知能力，指出了宇宙重疊的真象；「人」憑著自身的超越能力，推動著物性往神性的層次上升。

第二節　人生問題

　　正因為希臘的哲人把「人」當作宇宙的中心，因而就賦給人類一種偉大而神聖的責任；人類要負起治理世界的工作，雅典學派的三巨子，都在設計人生在世「應作何事」的藍圖。他們意識到人性的靈肉二元，同時意識到肉體屬於有朽有壞的有形世界，而靈魂則是不死不滅的；人生的意義就在於如何以不死不滅永恆的靈性，去超度有朽有壞的肉體，使靈肉在合一時期的塵世生活中，度過一種樂天知命的生活。而在塵世的生活過去之後，精神得享理念界的彼岸榮光。人生的任務也就在於把彼岸的真善美的本體真實，用模仿的實際生活，應用到日常生活中。因而，無論柏拉圖，或是亞里斯多德，甚至蘇格拉底，都關心人性的具體生活，都在為政治制度設計。

　　真善美的具體設計，就是人性在此世生活中的倫理規範的實踐。正如知識問題有邏輯的法則可循，倫理問題亦有道德規範為準則。知識求真，倫理求善，藝術求美，宗教求聖。人性的完美也就在於真善美聖的綜合：柏拉圖以「善自體」表示，亞里斯多德用「思想本身」表出，蘇格拉底用「最高的神明」來命名。如

此，雖然在宇宙論中，希臘哲人把「人」當作宇宙的核心；可是，在人性論中，立刻又自覺到人性的不足，而把人性依附到神性上去；使人性的一切行為，有一個共同的追求目標，即是回歸到自己的出處。亦即是說，在人性問題的探討中：生從何來，死歸何處，應作何事總是一個問題的三面。也就在這個問題的面前，希臘哲人設計了人性在時間上的三度：前世，今生，來世；同時設計了人性在空間上的二度：超越與內存：內存指人生在世界上，超越指出人性雖在世上，卻不屬於這個世界。

　　人生問題的發展，到了羅馬帝國時代，由於無法取得靈肉二元的合一與和諧，而謀求解脫與超度，因而固守在狹窄的修身齋戒沐浴之事之上，無法開展人性在宇宙中之偉大任務，更無法建立哲學中的理想王國於地上。

結　論

　　綜觀希臘哲學史的發展以及其內涵，就可結論出西方哲學在開創時期的情形。哲學的方法是憑人類的理知和良知，用邏輯和觀察的法則去探討哲學的對象、宇宙問題和人生問題。其所涉及的範圍，在宇宙論中有各種存在的重疊層次；在人生哲學中，要問及人性的前世、今生、來世，以與宇宙的此世和彼岸相互連結。

　　宇宙有此世和彼岸之分，人性亦有現實和理想之別；在人生過程中，此世是彼岸的前奏；同樣，現實亦是通往理想的道路。人生在世，就是要以理想去改造現實；在各種對物、對人、對天的正常關係中，完成自身的人性。

　　哲學於是成了「用一切去衡量一切」的學問，哲學於是成了

人性利用自身的智慧，從根本上去探討宇宙和人生的諸問題，謀求根本解答的一門高深的學問。

　　希臘開創了西方的人文，其哲學路線開導並決定了西洋哲學的基本方法和探討的對象。西方今後二千多年的哲學，都以希臘哲學為藍本，去發展對宇宙，對人生的「知」和「行」；並且，更發展了對這「知」和「行」的「信」心。

第二講　柏拉圖

　　柏拉圖原名 Platon，一般人都曉得他著了《理想國》一書；至於他這本《政治哲學》的思想基礎，則知道的人不多；若論及他的整個哲學體系，則瞭解的人更少了。

第一章　柏拉圖的生平與著作

第一節　生　平

柏拉圖於紀元前四二七年生於雅典，八十年後逝世於出生地，其生平可分為三期：

(1)學徒期：柏氏從二十一歲到二十八歲期間從師蘇格拉底，學得做學問的「諷刺法」和「催生法」，尤其學得為人處世之道，相信肉體有死有壞，而靈魂不死不滅，此世生命之後，仍有彼岸之來世生活。關於靈肉二元，又從畢達哥拉斯學派處學得「輪迴」學說：輔以伊利亞學派的思想法則，終於集先蘇期之大成，而創立了二元宇宙之架構。

(2)周遊列國期：老師蘇格拉底逝世後，柏氏周遊列國，一方面設法在政治上找到支持者，來實行自己的理想；另一方面與其它文化接觸，增長並修正自身的學說。足跡遍及整個意大利，以及南方諸海島，遠至埃及。並曾為西西利島國王迪奧尼西奧斯(Dionysios)所賞識，奉為國師，不幸因政變而被捕，後被賣為奴。

(3)思想成熟期：柏氏為奴不久，由其弟子贖回。紀元前三八七年，在雅典創辦「學院」(Akademie)，收徒教學，科目有哲學、數學、天文、動物、植物。開始構思《理想國》體系。教學期間又有二次周遊列國；可惜其政治理想終不為當時政治人物所接受。

柏氏以救世者自居，終身不娶，一生所願，把天上的理想國

實行到塵世來。

第二節　著　作

柏氏遺著有三十五篇對話錄以及一些書信。其著作可分為四期：

(1)早期：共有八篇，其思想內容尚未脫離其師蘇格拉底的學說。其中兩篇記述蘇氏生平，其餘六篇則是小對話錄：

《辯護》(Apologie) 記述蘇格拉底在法庭上的三大辯護。

《克利東》(Kriton) 開始探討知識問題，指出思想與存在，法律與法官，觀念與實在之關係。

《依盎》(Ion) 指出知識之入門是承認自己的無知，並把知識溯源於神的賜與。

《哀杜勿朗》(Eutbyphron) 專論人性行為之美德，特別重視熱誠與真誠，以之作為安身立命之基礎。

《拉赫斯》(Laches) 討論忠勇之德。

《查米德斯》(Charmides) 提出清晰明瞭為人生智慧：由此智慧才能獲得「知」和「德」。

《普羅達哥拉斯》(Protagoras) 反對「人為萬物尺度」的主觀知識，以建立知識之客觀意義。

《特拉西馬可士》(Tbrasymacbos) 討論正義，是《理想國》的緒論。

(2)過渡期：此期有五部大著，其思想漸漸走入觀念論的架構。

《利西斯》(Lysis) 論友誼，並從友誼到愛情鋪上一條路，給後來《響宴》作導論。

《哀杜德》(*Eutbydem*) 再次申論詭辯派之欺術。

《克拉杜羅斯》(*Kratylos*) 是西方第一部關於語言學之著作；
　　尤其探討「數」之形式意義，因而推論出《觀念》之
　　存在。

以上十一部作品是柏氏紀元前三九〇年之前之著作；此年限
之後，柏氏到過西西利島，學得了畢達哥拉斯的「輪迴」學說，
而確定了先天的觀念論主張；此後的作品，都顯示出濃厚的宇宙
二元觀點。

《美濃》(*Menon*) 用知識論中的「回憶」，首先指出宇宙之二
　　元劃分，同時把人的存在安置在觀念與感官交界處。

《格而齊亞斯》(*Gorgias*) 是「學院」的初期作品，反對主觀
　　辯論，而以客觀之真、善、美為人生歸宿。首先提出
　　「肉體——墳墓」一說，指出宇宙二元中，觀念為真，
　　而感官世界為虛幻。

(3)成熟期：此期共有六部大著，是柏氏學說的中心。

《饗宴》(*Symposion*) 是「生」的對話錄，以「愛」為全書的
　　目標與動力，而「追求」真、善、美則成了人性的一
　　部份。

《費東》(*Phaidon*) 是「死亡」對話錄，討論人性精神不死。

《理想國》(*Politeia*) 以宇宙二元的理論用「教育」方法，把
　　觀念界縮影到此世界，是柏氏代表作，是人生在世的
　　安身立命的具體政治藍圖。

《特亞特陀斯》(*Tbeaetetos*) 是柏氏知識論著作，並討論在
　　「回憶」事工中，理知與意志之關係問題。

《帕米尼德斯》(*Parmenides*) 延續伊利亞學派之二元看法，

創「分受」一詞，連結二元宇宙。

《費特羅斯》(*Phaidros*) 是柏氏全部學說之大綱，其中可看出
　　其「辯證法」體系，從下而上，從感官界直透善自體。

(4)老年期：紀元前三六七年之後，亦即柏氏最後一次周遊列
國之後，各國君主皆不採用其政治理想；柏氏因而對各種看法漸
漸緩和，而有六部大著出現：

《詭辯》(*Sophistes*) 發揮了伊利亞學派的「思想與存在一致
　　性」學說。

《政治家》(*Politikos*) 提出作政治家，領導國家之條件；以為
　　感官界之國家元首應是觀念界之「善自體」化身，因
　　而始能將觀念界具體實現到塵世來。

《費例波斯》(*Philebos*) 討論「價值」問題，以人性的「追求」
　　為過程，以「善」為歸宿，而其間所呈現的「快樂」
　　則是副產品。

《弟邁阿斯》(*Timaios*) 是柏氏宇宙論，用希臘神話的宇宙起
　　源說，加入哲學思考理論，說明從「混沌」進入「次
　　序」之過程因果。

《克利弟阿斯》(*Kritias*) 是歷史哲學對話錄，提出人性的始
　　源，以及其追求解脫之傾向。

《法律》(*Nomoi*) 提出法治精神之根本，提出神明才是一切
　　之起源、過程及終了。

第三節　著作導讀

柏拉圖的著作是西方最早期的系統作品，其特質完全在「明

辯」，注意思想方法及步驟。因而讀柏氏作品，不必背誦，只要明瞭其說理（不像中國古代哲學著作，講境界，論體驗，《論語》、《道德經》都必須背誦，而慢慢體會）。

面對那麼多柏氏作品，最好先讀《費特羅斯》，先曉得柏氏思想大綱；然後依序讀《饗宴》，明瞭「生命」的意義與特質，若時間允許，再讀《費例波斯》，求得安身立命的原理原則。

在曉得「生」的意義後，就進入人的另一極限「死亡」，這就要讀「死亡對話錄」《費東》，把今生伸展到來世；衝破時間走向永恆；衝破空間走向無限。

知道了人的生從何來，應作何事，死歸何處之後，就是建立思想體系：先認識宇宙自然界的美妙，而讀《弟邁阿斯》；有時間的話，再讀《帕米尼德斯》去補足宇宙論的架構。

知人、知物之後，就是在具體生活中，找得安身立命之道，那就是《理想國》的落實計畫。這部大著看完之後，再讀《政治家》，把《理想國》中一些過激的思想加以修正。

最後也就是在知物知人之後，要求知天，而讀《法律》那部著作，研究柏氏思想中，對天、人、物的最終看法。

第二章　柏拉圖的哲學體系

　　就在著作導讀中，我們已經勾畫出柏氏思想輪廓。柏氏繼承了乃師蘇格拉底的思想，在哲學體系中分成「理論」與「實踐」兩大部份；前者屬「知」，後者屬「行」。

　　在「知」的層次上，柏氏發揮了高度的智慧，配合了前人的思想成果，最先把「思想」和「存在」看成二元，看成不同層次的世界。於是有「觀念論」（有人稱之為理型論）的創立，首先指出了理念界與感官界的對立。就在人性自覺的冥思上，思想的法則似乎不同於存在的法則。思維世界的種種，超越了時空、各別、具體，而與蘇格拉底的「概念」相彷，不存在於感官世界中，感官世界都分受了它的整體性。感官世界的一切，都是各別的、具體的、虛幻的。正如在「人」一身，既有不動不變的思維法則，又有變化多端的肉體一般。「觀念論」的大綱，企圖要解釋宇宙的上下內外二元，並且又要把人安置在這二元的夾縫中，使其既有屬神的靈魂，又有屬於感官世界的肉體。靈肉既然可以合一，靈魂既然能統治肉體；即是說，在感官世界的生命中，既可表現出人的精神生活，則以「大我」的國家社會，不也可以彰顯出觀念界的榮光？這就是柏氏在理論中對理想國建立的信念。

　　就在整體思想的架構上，由觀念論的創立，到理想國的構思，其間的過程經過許多轉折，現在就分段來敘述：

第一節　理論部份

一、創立觀念論

　　柏氏以「地窖之喻」的寓言式說明宇宙二元的事實，以日常生活中的知識體驗為出發點，闡明了理念界的真象，同時比喻出感官世界在知識層次中的極限；因而把觀念界看作是「真實」的世界；然後把這真實融洽了其師「概念」的全燔意義，而在「人」的存在和思想之間，畫上了一條二元的線；以為「善自體」既是知識中「概念之概念」，是「思想」的終極，同時又是「存在」的最終基礎。於是，在觀念界的整個體系中，形成一三角形的重疊宇宙，最高之頂點即為「善自體」，離它越近就越真實，離它越遠就越虛幻。這真實與虛幻的界線，柏氏將之畫在觀念與感官的交界處。這麼一來，感官世界的存在只能在觀念的庇蔭下，得以保全；沒有觀念的支持，一切都將成虛無。

二、知識論

　　柏氏觀念論說明了「思想」與「存在」的基礎，同是「善」；在知識論中，柏氏開始對「真」的探討。在觀念論中，既認定「善」是真實之源，於是人的認識能力，也就在於其根本的「先存」；原來，人的靈魂是永恆的，早就存在觀念界，降凡之後靠「回憶」而記起過去的經驗；即「回憶」的啟發則由感官的接觸作為條件。因此，柏氏提出了「真理」的定義，以為是「常與己同為真」；這「常與己同」就是「善自體」的根本特性，一切分受「善自體」

的存在，都分受了「真」，都可成為知識的對象。

　　在柏氏知識論中，最先要瞭解的，是人性天生的三大能力：先是來自蘇格拉底的「歸類」，這是由感官作媒介的知識；繼則是「超越」，人性能脫離感官而獨立思考；最後是「追求」，感官與思想都無法解決的問題，則唯有經人性天生的追求完成，人的這三重知識的前提，使柏氏不但相信觀念論，劃定了宇宙二元；而且指出了「追求」之所本，必定來自對觀念界的「回憶」。

三、倫理學

　　一般說來，知識求真，倫理求善，藝術求美。但是在柏氏的構想中，倫理的整體都在發揮人性的「追求」真實，而更認為追求的對象為美。因而，在柏氏倫理學中，是人性在追求美的描繪。

　　如果說柏氏的觀念論提出了「善」，知識論把握了「真」，而且都在用「辯證法」，設計了哲學的架構；則倫理學的「美」，是用了「愛」，推動了哲學體系的各項工程。

　　整部倫理學的內容都在「生」的對話錄《饗宴》中；「愛」的意義由原始的神話一直到理性的推敲，都在對話和辯論中，發揮得非常完美。「生在美中」的定義，使人性的「追求」和「愛」變成二而一的東西。人性天生來就會追求，這不表示其對象早就在某處相遇過？這不表示「善」和「美」有某種關連？

　　柏氏的存在高峰是「善」，這是純客觀的「善自身」；但是，對人性來說，則「善」呈現出兩種特性：一是針對人類知識的「真」，一是針對人類追求的「美」。人類要把握「善」，唯有靠知識去追求真理，唯有靠愛去追求美；前者是理論，後者是實踐。人性就是靠理論的「知」，以及實踐的「愛」，取得和真、善、美的溝通。

因此，站在知識主客二元的立場上來看柏氏的理論架構時，很容易發現「善」與「人」的二元對立；而在「善」作為客體的時候，將自己呈現出「真」和「美」，以能適應於「人」的二種天生能力：「知」和「愛」。人性就是利用自身的能力，在不斷地追求善的化身：真和美。

第二節　實踐部份

就在柏氏真善美的理論完成之後，緊接著就是把理論落實到實際生活中。而人生的整體意義，在柏氏看來，是群體生活中的政治；因為唯有透過現世的人類的生活，才能「分受」觀念界的次序體系。觀念界的一切美善，也唯有在塵世生活中的表現，才落實。

但是，柏氏不是在觀念論中，視感官界為虛幻嗎？為什麼在「實踐」部份竟要利用虛幻的塵世生活？

其中奧秘就在於「人」這種存在；他本屬觀念界，現在竟不幸掉在「肉體──墳墓」中。世界也就由於「人」的降臨，而分受了觀念界的光榮。如此，理想國的設計全是為了「人」，不但要人能解脫肉體，而回復靈魂的自由；而且亦要人在塵世生活中，把觀念界的一切，帶到塵世來，使本來屬虛幻的世界，能沾點「人」的光，而分受真善美的一點存在。

因此，柏氏要談理想國，就必須先討論「人」的問題。可是，這「人」卻一開始就落實到世界上；人的生存在一開始就是世界的一份子；因而，要瞭解人，就必須先曉得世界。柏氏的「宇宙論」之所以成名，就是因為他要站在全面的立場，討論整體存在

的問題；柏氏在物質宇宙的起源學說中，早就有了妥善的安排，使「人性」介於二元宇宙之中。這種「人性」同時擁有「觀念」，又擁有「感官」，開導了西方今後的哲學思想，使人性介於神性和物性之間。但是，在柏氏的「人本」或是「人中心」的思想中，人性卻不是自滿自足的，它生來就有「知」和「愛」的傾向，引導著它走向更完美的境界；這也就是西方今後的哲學發展：人性總是往上發展；連進化論在內，都在指出人性的向上特性；在西方宗教哲學中，人性永遠是向著神性開放，非達到神人合一的境界，不算完成人性。

　　柏拉圖的「人性」於是只是一過渡期的存在：物質宇宙不存在時，根本沒有「人」；在宇宙完滿時，亦即理想國政治美滿結束時，也將沒有「人」；因為物質宇宙存在之前，人只是觀念界的一種觀念；同樣，理想國完滿之時，人的靈魂也就完全擺脫肉體而超度，回歸到觀念界去了。這麼一來，「人中心」或是「人本」的意義，在柏拉圖看來，是指塵世的生活而言。在其三度時間的標準內，彼岸的過去和未來，都不是人本；只是今生的現在，才是人中心。可是，過去和未來的不斷伸延，卻正是永恆；因而在永恆之中，觀念和神性才是真實，而在現在的時間中，才有人的瞬息存在。

　　就因為人性的「時間」性，柏氏於是在理想國中有特別周密的設計；在其人生哲學中，有一條不可更改的信念；那就是以時間來換取永恆，以今生來換取來世，以理想國來換取觀念界。

　　於是，在柏拉圖的哲學裏，對人生的看法，都是以觀念界為開始，為結束；而塵世的生活只是過渡時期。也就在這種「人本」的構思中，柏氏建構了宇宙論的體系；也就在這種原則下，柏氏

定立了理想國中的各項具體措施。在他的實踐哲學部份，聯合了神話與理知，聯合了政治與宗教，連結了今生和來世，連結了來世和前生，連結了此世和彼岸，藉以獲得在今生和此世的真善美生活。

現就分段來敘述柏氏實踐哲學的內涵：

一、宇宙論

在希臘文中，「宇宙」(Kosmos) 一字就是「次序」或「秩序」，其意義與「混沌」(Chaos) 概念相對。柏氏宇宙論的架構，也就假定太始時期一切都呈混沌狀態；要使混沌變為有秩序的存在，就必須有「造化神」出來整理。於是，在宇宙太始時，造化神有鑑於物質世界的凌亂無序，就開始化混沌為次序，配合了當時的天文常識，每一層天的建成，都在柏氏的《弟邁阿斯》對話錄中，描繪清楚。當然，永恆物質的假設，只是相對於觀念界的永恆。在知識論中，柏氏對觀念界的真善美，用了「愛」和「追求」概念，而在對永恆物質以及物質世界，卻用「驚奇」動詞來表明；因為在柏氏觀念論的設計中，物質由於變化多端，而沒有存在的資格，現在竟然以「永恆物質」以及「宇宙」秩序的方式出現，當然只好用「驚奇」的心態去處理。

宇宙論的問題不在宇宙，而在宇宙中出現了「人」。原來，造化神把物質世界再造成宇宙的秩序時，忽然發覺其存在的根基不穩，即沒有觀念界的支持；於是向「善」觀念借一些「觀念」，使它們來裝飾塵世。「善」觀念答允了這項請求，於是利用了畢達哥拉斯的說法，靈魂就降凡到肉體的桎梏中。這就是「人」的出現，也從此決定了人的「命運」。

二、人性論

人性於是就是頂天立地的東西，一方面有原屬觀念界的靈魂，另一方面又有塵世間的肉體。於是，柏氏在宇宙二元體系中，插入了「人性」的二元；而且，以人性的二元統一可能性，來撮合宇宙二元的分合事實。

柏氏靈肉二元的人性，雖沒有後來的靈肉衝突或肉慾束縛的困難；但就其輪迴方式的認定，則亦可看出靈肉二元的不協調，以及輕肉體重靈魂的傾向。

靈魂由於原先存在於觀念界，故有觀念界的「精神生活」，但是這精神生活卻受了物質世界的束縛，而變成了「感覺生命」，而且，生命的條件竟然受了肉體的限制。於是，在柏氏的人性論中，靈魂有三種不同的等級：生命、感覺、思想；而只有思想才是觀念界的真實；因而，亦唯有在思維世界中的「知」和「愛」，才是人生應該運用的工具。

在人性的靈肉二元中，唯有靈魂才是不死不滅的，它有觀念界的淵源，同時終究要回到觀念界去；肉體不但事實上會逝去，而且在人生過程中，人的一切努力都要使靈魂擺脫肉體的束縛；解脫的方法因而也就是抑制感官，而舉揚思想。因而，在柏氏的體系中，哲學家永遠高人一等，然後才是君王；而且「做君王的應該由哲學家出任」，不然至少是「君王應該讀哲學」。

在人性論中，柏氏也涉及到自由意志的問題：人是自由的，他固然在命定中降凡到塵世，但是，在塵世生活中，他卻可選擇自己的生命，屬於感官或屬於思想階層。甚至，在每一次的輪迴再生中，人的地位階層都由自己的自由意志所選擇的功過而定。

關於人性中的兩性問題，柏氏亦有一種解說，就是在善觀念答應借觀念給造化神，來美化宇宙時，就把一個觀念化分為二，致使人類有了男女兩性之別，而所謂戀愛或結婚，都是存在的一半追求另外一半。這也是柏氏自己獨身的一個理由，因為他不相信他的另外一半離開了觀念界，到了感官世界；而他自己之所以降凡則是以救世者的身份，絕不是凡夫走卒。

人性由於發源於觀念界，因而追求真善美的傾向是與生俱來的；也因此，一切肉體的滿足都無法使人獲得真正的幸福；精神的享受才是分受了觀念界的情景，也才是人性唯一能得到安息的媒介。因而，人性的最終評價，在柏氏哲學中，是屬於性善的一種類型；就憑這性善的信念，柏氏要在塵世間建立理想國。

三、理想國

「人」的合成是靈和肉，其生命過程是輪迴；但是因了性善，柏氏就設法把觀念界的真實分受到塵世來。

這就是理想國建立的最大動力。

當然，站在觀念界來看此世，感官的一切知識都是虛幻，人生所追求的東西亦將變成空無；但是，物質的存在畢竟是條件，因而必須利用；正如在知識論中，感官是引起「回憶」的條件，故亦不可偏廢一般。

理想國要用今生今世的一切，使人生渡過一種「在世上」卻「不屬於世界」的生活。這種生活的構思，就是利用國家社會的組織，使人有一種制度、一種生活的方式可循；其目的就是在此世生活之後，靈魂能回歸到觀念界。

《理想國》一書柏氏用了將近十六年的時間才寫完。先就國

家的起源著手，指出人性的合群與社交生活的特性，因而結論出
必須有國家的組織，來完成人性。這是自然律的要求，是人性內、
外的需要。

　　就在這種具體的組織中，亦自然有具體的職業分類，以達成
分工合作的目的。理想國中，公民分成三大階級：平民、軍人、
領袖。平民佔大多數，可務士農工商，專門負責養活國中所有公
民。軍人則負平內憂、禦外患之責，而且為了生活方便，軍人有
公妻制度。領袖則經過考選，學問與德行都出眾的，才能參與國
家大事。

　　由於領袖人才的選拔和培養，故特別看重教育。在理想國中
的兒童教育，神話以及一切罪惡的報導都在禁止之列。柏氏提出
的理由是：孩童似小牛，小牛的牧場必須全是牧草，而不應有雜
草或毒草；唯有在好的牧場上生長的牛才會強壯；同樣，兒童教
育亦應以「善」為基礎，一切惡事都應該禁止。

　　除了「善」的教育之外，還要顧及到肉體的康健，因而在精
神教育之外，尚有體能訓練；此外就是更根本的辦法：優生，在
理想國中實行選種，以維持公民的健康。

　　由於各種選拔的考選，柏氏心目中的君王，其實是塵世上最
完美的人，是善觀念的化身；因而君主制是理想國中最理想的政
體；至於民主，因為由無知無德的群眾來執政，受到柏氏最嚴格
的批判與排斥。柏氏以為，專制制度或暴政的產生就是由於無知
的民主開始，由不夠格的人做領袖，因而弄權禍國。

四、神　明

　　理想國只有一個目的，就是使人容易一點輪迴到觀念界去。

觀念界是「生從何來」以及「死歸何處」的最終答案，而理想國則回答了人生的「應作何事」的問題。觀念界的探討於是又回到開始時的觀念論；其三角形的立體架構，最高的善觀念是什麼呢？在知識論中，它是真理，是所有認識的對象；在倫理學上，它是美善，是所有追求的對象；在宇宙論中，它是一切的開始和終了。於是，配合了西方原始宗教的想法，這「善」不就是神明？

柏氏著作中，《法律》一書專門要解決人生的「死歸何處」的問題，因而亦最先提出「關於神明」的討論。雖然在柏氏著作中，後期的「神明」與早期的「善觀念」的關係並未交代清楚，但是，其用「運動」以及「辯證法」的論證，在根本上同時指認出「善觀念」的存在，同時亦指出它就是神明。

在辯證過程中，運動變化的次序與紛亂，是柏氏思索的媒介；就在宇宙論中，已顯示出唯有善神才會使混沌變為秩序；因為宇宙的秩序，因而可結論出善神的存在；也由於世物的紛亂，因而結論出惡神的存在。善的次序的來源問題，使辯證法步步上升，抵達「善自體」概念，而這最終的「善自體」又必須是「自滿自足」的，否則辯證法又必須尋找更高一層的存在，這「善自體」、這「自滿自足」的存在，就是後來中世哲學所指的「上帝」。

「神明」概念與「善自體」觀念一般，不但有本體上的存在意義，而更有「交往」的性格。在《法律》一書中所強調的，人神之間的交往就是祈禱，這種心靈的提升，在柏氏看來，是人性在塵世間最高智慧的表現；因為由之直接溝通了感官界與觀念界；而且，在人性的行為中，用了最高的思想階層，不但認清了自己存在的來源，而且認定了自身的歸宿。也就是說，能夠衝破塵世的時間而回到前世與來世的永恆中，能夠衝破塵世的空間而與無

限的觀念界交往，神遊於真善美的境界。

宗教情操的表現，在柏氏的老年期著作中最為深刻，他甚至在《費特羅斯》篇的最後，結束整個思想大綱時，作了一篇祈禱文，說明了自己對諸神的仰慕和依持，也說出了自己心中對「成聖」的願望。

結　論

柏拉圖的哲學體系，鋪設了西洋思考之路：在縱的體系中，包括了知人、知物、知天；在橫的體系中，注意到人生的三度：前世、今生、來世。雖然，其二元論的設立，若站在東方哲學思想的評價上，不見得非常完善；但可也開創了西洋思考的出發點。柏氏對宇宙問題、對人生問題的答案中，固然由於滲雜了一些神話系統，而使內容有些偏狹，但以整體而論，把「人」安置在宇宙的核心，而同時又賜人有「超越」的能力，能夠超乎物質，能夠超乎肉體，而進入「完人」的境界，則是哲學到達極峰的象徵。

精神價值的認定，但又不忽略物質生活的條件，可說是柏拉圖哲學對當代最有啟發性的思想。

第三講　亞里斯多德

　　在柏拉圖諸弟子中，最有成就的是亞里斯多德。若說蘇格拉底所強調的二元宇宙中，柏拉圖要把感官世界盡量往觀念世界推的話，則亞里斯多德就要把觀念界的真實，拉到感官世界來。柏氏哲學的出發點是理想的觀念界，而亞氏思想的基礎則是現實的感官世界。

第一章　亞里斯多德的生平與著作

第一節　生　平

　　亞里斯多德的希臘文原名為 Aristoteles，於紀元前三八四年生於史他支拉 (Stagira)。年十八就進入柏拉圖所創立的學院攻讀，並在其中學習了二十年，直到柏氏逝世為止。後來追隨師表去周遊列國，先在亞索斯 (Assos) 創立類似柏氏學院的學校；後因該地政變，迫使亞氏到處流亡。紀元前三四二年開始做家庭教師，教導當時年僅十三歲的亞歷山大。後者主政後，亞氏隨之入雅典；紀元前三三五年，創立利克安 (Lykeon) 學院。院中主修哲學、歷史、自然科學、醫學、政治等。十三年後，亞歷山大大帝崩殂，國中反對黨得勢，亞氏又開始過流亡生活，終於在紀元前三二二年，客死他鄉。

　　亞氏生平很實際，相對於柏拉圖來說，是看重具體生活的人，結婚以及生兒育女，家中一如當時習俗，亦有奴隸多人；但後來都由亞氏釋放，變為自由人。

　　亞氏治學態度非常嚴謹，感官與思想並用，終於，擺脫了乃師柏氏的思想束縛，而另起爐灶，結果成為足以和柏拉圖相抗衡的哲學家。他說：「雖然柏拉圖和真理二者都是我的朋友，可是在二者之中，我還是先選擇真理。」

第二節　著　作

亞里斯多德年輕時寫了很多著作，在利克安學院時，則專心教學，少有著述。但是，史載亞氏著作大部份已失散；亞氏自己曾把著作分成二類：一類是已出版的，稱為「公開的言論」(Exoterikoi Logoi)；另一類是未發表的，稱為「聽來的言論」(Akroamatikoi Logoi)。前者是亞氏年輕時代的著作，現在只保留極小部份斷片；後者則是速記式的大綱，是在學院中的講稿。亞氏這兩種著作，要等到紀元前六十到五十年之間，由安德羅尼可斯羅多斯 (Andronikos Rhodos) 整理出版。但是各種手稿的次序、編目等手續，都不太清楚；直到一九二三年，才由耶格爾 (W. Jaeger) 整理出一完整體系；我現就借這體系來介紹亞氏的著作：

亞氏著作分三期：

⑴前期：是柏拉圖學說延續期，有兩部著作以及一些短篇。

《歐德謨斯》(Eudemos) 延續柏氏之《費東》對話錄，討論靈魂之先天性以及永恆性。

《普羅特例第可斯》(Protreptikos) 發揮柏氏《理想國》之深義，討論具體生活的準則。

一些短篇探討正義、政治家、善、觀念等。

⑵過渡期：漸漸脫離柏氏思想方法和內容，即另建體系。有兩部大著。

《論哲學》(Peri Philosophias) 三卷，第二卷就開始批判柏拉圖的觀念論；第三卷設計自己的宇宙觀以及對運動變化的看法。

《雅典國策》(*Athenaion Politeia*) 提出一百五十八種政策，
　　書中也提及羅馬及迦太基的政治。

　　(3)成熟期：是在利克安學院中的講義；此期著作極富，可分
為五大類：

一、邏輯著作

　　後被稱為《工具書》(*Organon*)。著重二大問題：證明的方法
以及證明的原則；針對前者發明了三段論法；針對後者發明了因
果律。此類著作一共六部，前三部討論三段論法之結構，後三部
指出三段論法之種類、前提與結論之關係。

　　《範疇》(*Kategoriai*) 論概念，說明存在之種類。

　　《論註解》(*Peri Hermeneias*) 說明批判之法則。

　　《分析前論》(*Analytika protera*) 論推論，說明三段論法中，
　　　　只能用「三名詞」，並指出此「三名詞」間之關係。

　　《分析後論》(*Analytika Hustera*) 討論定義、分類、證明。

　　《主題》(*Topika*) 討論結論之可能性。

　　《論詭辯派之結論》(*Peri sophistikon elenchon*) 指出辯論之
　　　　法則與批評詭辯派之學說。

二、形上學著作

　　《物理哲學》(*Physike Aroasis*) 八卷，論自然哲學；討論一
　　　　切存在之分類，從死物到生物，從生物到動物，從動
　　　　物到人，再從人到神；並由之劃分出存在的等級。

　　《形上學》(*Ta Meta ta physika*) 十四卷，討論最終存在，討
　　　　論終極原因，討論存在本身之著作。

三、自然科學著作

　　主在收集當時各種科學資料，加以觀察、分類、批判，並提出合理之哲學結論。

　　《論天》(*Peri Ouranou*) 四卷，討論運動問題。

　　《論生滅》(*Peri geneseos kai Phthoras*) 二卷，討論生成變化之形成因。

　　《論氣象》(*Peri Meteoron*) 四卷，討論原因之層次結構，提出最終之目的因。

　　《論動物史》(*Peri ta zoa historiai*) 十卷，指出生命現象之多元性，但亦指出全體動物目的的整體性。

　　《論動物各部份》(*Peri zoon morion*) 用物理學方法研究生物學，指出生命感覺之與物質不同處。

　　《論動物起源》(*Peri zoon Poreias*) 指出植物與動物之分野，屬存在階層之不同。

　　《論動物運動》 (*Peri zoon Kineseos*) 指出物體運動之機械式，以及動物之意識選擇。

　　《論動物繁殖》(*Peri zoon geneseos*) 亞氏在此提出四因說，特別著重形成因。

　　《論靈魂》(*Peri Psyches*) 三卷，討論生命體之本質在於靈魂，靈魂不但是肉體之形式因，同時也是形成因及目的因。

　　此外尚有一些短篇如《論感覺》、《論記憶》、《論夢》、《論生命之短暫》、《論生死》等。

四、倫理學及政治學著作

《系統倫理學》 (*Ethika Nikomacheia*) 十卷 （由亞氏之子
　　　　Nikomachos 出版，因而得名）說明善之本質，以及人
　　　　性向善之本性，並討論快樂與善之關係。

《古倫理學》(*Ethika eudemika*) 七卷。

《大倫理學》(*Ethika meggla*) 二卷。

《論政治》(*Politika*) 八卷，泛論政治、法律、哲學等。

五、語言學著作：包括藝術與詩歌

《演講術》(*Techne Rhetorike*) 三卷，指出演講成功三條件。

《論詩歌》(*Peri Pojetikes*) 討論文字形式的重要性。

第三節　著作導讀

亞氏思想非常有體系，讀者可先從他的《工具書》開始，獲
知知識形成的各種規則；也就是所謂的邏輯訓練或思想訓練。在
這種知識的「形式」界定了之後，就設法在形式中加入「內容」。
亞氏哲學內容就在他哲學的「體」和「用」之中。

哲學的「體」是他的「物理學」以及「形上學」；物理學其實
是把「自然科學」的現象加以觀察和分析，而獲得原理原則，然
後就在形上學中，把「人」安置在宇宙之中，使其有應得的位置
和地位。

在得知「人」的地位後，就是哲學「用」的問題；一個人生
存在世上應做何事、如何做事的課題。這就是亞氏倫理學以及政
治哲學的功用。

在從邏輯到物理，從物理到形而上，再從形而上下來，回到

日常生活中之後，在生命高峰時，應有對生命情調的昇華境界，那就是詩歌的欣賞與創作；亞里斯多德在這裏提供了他的藝術和詩歌哲學。

換句話說，談亞里斯多德著作的順序，應為：「邏輯」→「物理」→「形上學」→「倫理學」→「藝術」。

第二章　亞里斯多德的哲學體系

　　亞里斯多德集希臘哲學的大成，集合前人所有的思想成果，編成一大統一的體系。從日常生活中最簡單最具體的感官生活開始，把感官作用所得來的知識做基礎，然後憑藉人性超越的能力，以及天生的智慧，分析和綜合所得來的感官知識，抽象出因果原則；從因果律的闡發，就連結了感官世界與形而上世界，使一切有形世界的生成變化現象，都由無形世界的原理原則所支配、所引導；自然世界中現象的集成都離不開一個「動」字（極似中國哲學中的「易」概念），而這「動」的原因都不在自身，而在看不見的，同時是超越、又是內存的「原因」。因此，因果原則實在是貫通亞里斯多德哲學最根本的原理。這因果不但如柏拉圖的觀念與感官的關係，而且在每一個個體自身的生成變化現象中，亦可由因果原則所找尋到。於是，柏氏的二元宇宙，到了亞氏，即變成無數重疊的層次，其「形質說」的確是因果原則的峰頂，同時也是每個事物存在的理由；亞氏一方面解決了個別事物，另一方面又要解釋整體宇宙的存在。在整體系統的解說下，亞氏著作因而有一種不能間斷的關係：先是在《工具書》中，肯定人的認識能力，再在物理學和自然科學著作中，指出外在世界存在的事實，作為思想的材料與對象；然後就以形而上的存在法則，解釋各種存在的最終理由，以及界定人性在整個存在系統中的地位。在界定了人性在世界中地位之後，就能指引人類行為，這就是亞氏影響西方最深的「倫理學」。「倫理學」是討論人生在世什麼「該作」，

什麼「不該作」的理由，以及分析人性在「追求幸福」過程中，如何展示出自身為萬物之靈的事實。比這「應當」的定律高一層的，是人性的藝術生活。在藝術生活中，不再探討「必須」的問題，而是在「自由」境界中，發揮「超然」的人性能力。

　　因此，我們在介紹亞里斯多德哲學思想時，就以這五個階段入手。

一、基礎起點

　　亞里斯多德是西方學者中，最先發現人類的思想也和外界的存在一般，可以分析和綜合，分類和整理。在思想的分析中，得出「邏輯」的法則；從日常生活的語言開始，把語句細分之後，發現「概念」為構成語言之最終因素；而兩個或兩個以上的概念用思想把它們連結起來，或把它們分開，就成了判斷；我們日常所用的語言，每一句話都是一種判斷。概念因為是由感官或思想直接得來的印象，故無所謂真假對錯；可是，一有了判斷之後，就有了真假；而且真假的批判標準，也就是要看是否「言之有物」，是否與事實相符。

　　用兩個或者兩個以上的真判斷，連結起來或者分開，就成了一種推論的形式；而任何一種推論本身又是一種判斷，也是由兩個或兩個以上的概念構成；但是這「概念」卻因了彼此間的關係，所造成的判斷和推論，就有了真假對錯。而在這裏的評價標準，就不再是單純的客觀實在，而是各種思想法則，在三段論法中所扮演的主要法則：像同一律、矛盾律、排中律。

　　在邏輯法則中，所有定理都是一定的，絕不能有例外，思想就是按著這種法則去進行。

　　邏輯法則解釋思想，而思想的對象在開始時，總是「存在」，把存在加以分類，就是「範疇」。「範疇」就成了概念產生的根本型態。

　　邏輯因而成了哲學入門，也是思想的入門，也因而被亞里斯多德稱為「工具」。這「工具」顯然不是目的，而只是方法，為達到求真的方法和過程。這種邏輯的運用，就是有名的三段論法。三段論法用三個相互有關的判斷構成，即大前提、小前提和結論。這三個判斷一共只有三個概念，而每個概念出現兩次；其形式就如：

　　大前提：凡人都會死。

　　小前提：蘇格拉底是人。

　　結論：故蘇格拉底會死。

　　在知識的探討中，目的就是得到真理，而真理在思維之中，表現在言語裏。在以上的舉例中，結論是要說明的真理，而這真理由前提證明。一般而論，大前提是一種原理原則，由日常觀察和知識中可獲得；而小前提通常需要加以說明和證明，因為它多半是一特殊事件，不像大前提的普遍性和一般性。在亞里斯多德的心目中，以為凡是真知識都能由三段論法的論證求得。

　　在求得的真理中，或是在所有的判斷中，亞氏把它們分作四類：全稱的、偏稱的、肯定的、否定的。而在這四種判斷相互之間的關係中，獲得各種相反的或是矛盾的關係，而在思想訓練中，得知全稱的肯定命題，不能用全稱的否定命題來駁斥，因為它們二者都可能同時是假的；如：「所有的女人都是尼姑」以及「所有的女人都不是尼姑」，二者同是假命題。同樣，全稱的否定命題也無法駁斥全稱的肯定命題。相反，要駁斥全稱的肯定命題只有用

偏稱的否定命題有效，就如若對方強調「所有的女人都是尼姑」，你只要能證明出「有些女人不是尼姑」，就足夠指出對方的謬誤了；同樣，若對方認定「所有的女人都不是尼姑」，你也只要指出「有的女人是尼姑」就已足夠；因為這兩種矛盾對當的命題不可能同時真，亦不可能同時假，即是說，其中必有一真一假。因而，矛盾律所指，就是在思想的表出中，絕不可有相互矛盾的語句出現；這是辯論以及思想的根本原則。

二、物理學

在把思想的法則整理好之後，就是思想的內容；這內容的獲得就是靠亞氏與柏氏看法的根本不同點。柏拉圖以為感官世界是虛幻，而觀念的思維世界才真實；但是，亞里斯多德則以為感官經驗亦屬真實；因而，在思想內容方面，整個感官世界都成了亞氏的知識對象。在感官世界的觀察中，「生成變化」成了所有物質世界的綜合性質。就在對「變化」的觀察中，亞氏解決了伊利亞學派與赫拉克利圖斯思想的對立。在「變化」的理由探討中，亞氏發明了「潛能」與「現實」的理論，以為一切的運動變化以及生滅現象，都是由「潛能」到「現實」的過程。於是，在現實世界的存在，立刻被排列成一縱的體系，上有「有」，下有「無」，中間就是各種層次的有無之間的變化現象。這麼一來，世上所有的生滅現象，從無到有，從有到無，以及各種變化，變大、成熟、變老等等，都能由「潛能」與「現實」的關係解釋。就如一個嬰兒，在未出生之前是「無」，但是這「無」不是絕對的，而是有「有」的潛能，它只要有足夠的原因和理由，就會從「無」一躍而成為「有」；父母的原因就有足夠「生」出嬰兒的理由。嬰兒在出生之

後，就成為「現實」；可是這現實相對於孩童來說，而又只是潛能；同樣，當嬰兒漸漸長大，變成孩童之後，就有了孩童的「現實」，可是這現實相對於少年來說，只不過是潛能；如此拾級而上，由少年到青年，由青年到壯年，由壯年到老年，再由老年到死亡，從有復歸於無。其整個的變化過程，都是二元重疊的，相對的，現實提拔潛能，使其從無變有，使其從缺陷走向完美，使其從幼稚走向成熟。

以上是站在運動變化的事物本身去看變化的原理；站在運動變化之外去觀察其原理時，則發現「形質說」；所有屬於潛能的東西，都是「質料」，這質料由於「形式」的光臨而成為存在；而形式就像是現實，能夠使質料變成存在。但是，像潛能與現實的系列一樣，形質說也排列成縱的、重疊的系統，下層的形式是上層的質料，上層的形式又是更上一層的質料。形質說也是以個別事物的二元來代替柏拉圖宇宙二元的學說。

於是，無論站在物理的內部去看生成變化現象，或是站在物理外面來看生滅現象，所得出來的結論都是重疊的宇宙架構；在這架構之中，最上層是「純形式」和「純現實」，最下層是「純質料」與「純潛能」，其間則是無限重疊層次的「質料與形式」、「潛能與現實」的具體事物的存在；而且，這些具體事物不是靜止不動的，而是在生生不息變化之中，由潛能變成現實，由質料變成形式；用亞里斯多德的術語來說，就是「發展」（"entelecheia" 字義的結構是「內在目的性」），一切都由自身天性所賦予的衝力，往上發展，向著完美自身發展。

可是，問題卻並沒有解決，因為在這些系列的背後，我們仍要發問：這種「發展」的動力在那裏？

亞里斯多德於是研究出一套因果原則，以為我們在觀察宇宙的生成變化現象所得出來的「形質說」以及「潛能現實說」，都是在結果中尋找原因。舉凡一種不必然、非絕對的東西，從偶有的狀態中變為實有，就必須有原因。這原因在亞里斯多德探討中，分成四類：即質料因、形式因、形成因、目的因。例如一張桌子的形成，必須要有原料，如木塊、或鋁板、釘子等等，這被稱為質料因；可是，質料停放在那裏永遠是質料，除非有人——「工匠人」去把它拿來做桌子或其它什物；於是「桌子」的形式便是桌子的形式因，而木匠是形成因。有了上面三種原因之後，通常都以為桌子就可以存在了；其實不然，最重要的還是目的因；它就是問及木匠為什麼要做桌子的最終原因。木匠也許為了賺錢而為顧客做了這樣的一張桌子，用了這樣的材料。於是，舉凡質料因、形式因、形成因，都是由目的因所決定。如此，我們面對的所有人為世界的成品，都只知道它的質料因以及形式因，而通常只能用推理的方式，獲知其形成因及目的因。

這麼一來，在亞里斯多德的哲學智慧下，每一種偶有事物都有四種原因：二種是內存的，即質料因及形式因；二種是外在的，即形成因及目的因。

既然形成因及目的因屬外在，當然就無法在成品中直接找到，而必須經過一番哲學工夫，才能推論出其「必然的存在」。

這種由看得見的世界進入到看不見的世界的過程，也就是亞里斯多德從物理學走向形而上學的進程。

三、形上學

亞里斯多德稱自己討論存在本身的學問為第一哲學；第一哲

學也就是討論存在之最終原因，存在之所以為存在的學問；這門
學問同時亦稱為神學。

在物理學「生成變化」的探討中，發現存在系列的最高層是
「純形式」以及「純現實」，而在因果原則的討論中要問及最終的
形成因，以及最終的目的因。這些「純」以及「最終」套用蘇格
拉底「概念」的架構，就可用「存在本身」去形容。形上學所要
討論的課題，就是要把「存在本身」的存在、特性以及與其它存
在之關係，加以闡明。

關於「存在本身」的存在，亞氏用了整體的因果論證，從運
動變化的動因起，逐步導引到凡動必被動的現象觀察，到後來在
追求原因的系列過程中，找尋出一個「第一原動不動者」；這「第
一原動不動者」是超越的，是最終的形成因和目的因；因而整個
世界的運動變化系列，都由這最終的存在所推動和吸引；一切運
動變化，一切存在，都以它為原因，而且為終極原因。

從物理的動到形而上的動的原理，亞里斯多德綜合了柏拉圖
的二元世界，同時以整體的研究，用因果的原理原則貫穿起來，
成為一個動的、但完全有秩序的世界。

在這個有次序的世界中，存在著各式各樣的存在物：無靈的
頑石、有生命的樹木、有意識的動物，也有有政治組織的人類。
這存在四階層相對於因果原則的探討來說，動物以下的存在都是
盲目的，它們無法選擇自身存在的目的，也無法選擇自身行為的
目的。因而其整個的發展（即自然世界的發展），都由其天生的「內
在目的性」決定。人類則因了自由意志，可以自由選擇自己的行
為，因而在人文世界中，就有「倫理學」的問題。

因為「第一原動不動者」同時是「第一原因」，當然就成為最

高的存在，在因果系列中，就成為「存在的存在」或是「存在本身」。依靠這種推動的方法，世上一切都分受了這最高存在的餘蔭；因而，凡是在「存在界」有的存在特性，在「存在本身」處都應「見官加一級」；凡是感官世界中的真、善、美，在「存在本身」中就成為真、善、美本身。但是，在感官世界中的混亂和雜多，在「存在本身」中卻沒有這些缺陷，而有的只是「唯一」、「次序」、「和諧」等等德目。

　　亞氏在「存在本身」的特性上，找出了感官事物的「分受」性格，這是連結柏拉圖二元體系的中樞；其「存在本身」的「自滿自足」以及「第一原動不動者」，都在展示出宇宙萬物與最終原因之密切關係。

　　在論及「存在本身」之特性時，最特殊的一點就是「自我認識」；因了人類的理知生活，用「由果及因」的推論，指出「存在本身」亦就是「理知本身」；這「理知本身」因為是「自滿自足」的，因而「思想就思想自己本身」的說法，成為亞氏形上學的最高峰；這麼一來，西洋理性主義的淵源於是乎早就奠基在亞里斯多德的形上學中。在金字塔形的宇宙存在架構中，底層有各式各樣的感官事物，最高層有「思想本身」，其間是不同等級的「分受」存在層次：會思想的人類、能意識的動物、會生長的植物，還有既無意識又無生命的頑石。於是，在提及人類的生存層次時，一切的倫理道德規範，都以「理知」、以「思想」──「邏輯的」，以及「形而上」的思考為中心。這種「理性主義」的人生哲學就完全奠基在形上學之中；因而，亞氏的形上學是哲學的「體」，其倫理學成為哲學的「用」。

四、倫理學

因了「存在本身」的「思想本身」以及「自滿自足」，人性離「存在本身」最為接近，因而「分受」到它的一切真、善、美的特性；而人性天生來的「追求」能力，也就在自身的思言行為中表現出來。

人性最先的表現是對是非善惡的辨別能力，這是理知方面的工夫；然後就是擇善避惡的傾向，這是意志方面的責任。無論是理知或是意志，都是人的靈魂的能力，都是「分受」了「存在本身」的部份。在「內修」的事工上，亞氏的重心放在理知分辨善惡的事上，和蘇格拉底一樣，以為智者就是善人，反之，愚者是罪惡。

可是，亞氏對「人」的探討，還是走向了柏拉圖的路子，把人定義為「政治的動物」，以為人類行為的表現就在於合群生活；因而，亞氏的倫理學，很快的從人的「內修」轉向了「政治」的探討。合群生活超越了個人「單獨」的範疇，先由家庭到家族，由家族到社會國家，這種合群生活是人的天性，由各種「訂約」而形成。在國家的組織中，亞氏主張貴族政體。

可是，亞氏在政治生涯上並沒有比柏拉圖效果好，因而仍然回到個人生活的探討中，這就是他年老時，主張藝術生活的理由。

五、藝術哲學

在藝術生活中，亞氏開始超脫了年輕時候的「理性主義」傾向，而專心注意人性「情意」方面的發展；在這種探討中，亞氏漸漸對人性有更深層的瞭解，發現自己原來的知識論中的「類比」

概念，雖然在開始時只在因果推論中有效，但在藝術的瞭解中，卻發現萬物都有模仿的天性，這模仿的天性在人性發展中一旦走向了創造的殿堂，藝術的高峰就會出現；而人性在藝術境界中，再也不像在邏輯的領域內，斤斤計較公式的規定；也不像在形而上的原理原則下，對理知有全面的信賴，或是在倫理學中，對是非善惡的辨明，而是對客體作一種超乎真假對錯，超乎是非善惡，而只對美醜的感受的一種心靈狀態。在這種心靈狀態中，人性享受到自由自在的境界；也就在這境界中，人類擺脫了所有束縛，而「與造物者遊」。

在亞里斯多德哲學中，人生是整體的，從邏輯的訓練開始，經嚴密的知識論、形上學、倫理學、而藝術哲學；邏輯是入門，但是藝術生活則是目標，理知的辨明是手段，情意的生活是目的。

亞里斯多德發明了邏輯，著重了邏輯真假對錯的辨明，但不死於邏輯法則之中，而用了「類比」的方法，從知識論走向了形上學。

亞里斯多德潛心研究了物理學，認清了物理的生成變化原則，但不停留在物理的原則中，而自己超脫了物性，走向了人性的倫理道德之中。

亞里斯多德發明了形上學，同時發展了倫理學，對理性有過全盤的信賴，但是，卻沒有把自己局限於思想的範圍之內，而超乎了是非善惡的階層，走進了藝術的殿堂中。在藝術的境界中，亞氏的心靈從人性轉化到神性之尊。在其「發展」（內在目的性）概念進程中，人性漸次超脫物理的物性，也漸漸超越人類的知性，而進入「思想本身」的形而上境界；然後再在形而上境界中，超脫一切法則的束縛，把「人性」推展到極峰。

結　論

　　希臘的「人本」發展到亞里斯多德時，已達到了峰頂；而這「人本」精神的意義卻不是「人性」現存的意義，卻是指出人性在不斷的上進與發展中，超乎了人性本身的現狀，完全推展到極限的邊沿，發展到完美的理想境界。因而，希臘的「人本」精神絕不是西方後來的「人本主義」所強調的東西，因為後者所著重的是物質生活，是塵世間的權利，是人性的外在自由，而與希臘人本精神之尊重精神生活，著重內在自由，主張藝術生活真有天淵之別。

　　亞里斯多德學說所導引出來的哲學問題，上有形而上的彼岸世界，下有塵世中的物理哲學，外有宇宙論，內有道德哲學和藝術哲學，開創了西方今後的思想路線；亞氏是西方最有體系、最能貫通現實與理想、最有影響力的哲學大師。

第四講　中世哲學總論

緒　論

　　西洋思想的發展，到了羅馬時代，雖然有過六百年的低潮，把西方希臘原始以「知」為中心的探討方法，改變成「行」的動向；但是，這「行」取代「知」的趨勢，卻說明了一件事實，那即是由對「宇宙」的關心，改變成對「人」的注意。由物理到心理的思想進展，顯然的在某方面是進步了；何況，如果繼續發展下去，就是從「知物、知人、知天」的發展階段上看，就是對「神」性的探討。

　　上面說過，希臘哲學到亞里斯多德為止，已發展到當時的極限上了，「形上學」的最終預設，必須由「從彼岸來的信息」去延續，「物理學」的最後要求，必須是實驗室的完美設備。「實驗室」的設備，要等到近代自然科學的發展，才算完成；而「從彼岸來的信息」則由東方希伯來信仰所賜予。

　　在羅馬帝國不斷擴展版圖聲中，多災多難的希伯來民族，在被奴役於埃及，被充軍到巴比倫之後，又成了羅馬人的奴隸，也就在巴勒斯第那成為羅馬帝國殖民地不久，猶太地方出現了一位

耶穌基督，自稱是上帝之子下凡，自稱是希伯來民族久已期待的民族救星。

由於耶穌基督的召徒佈道，使希伯來的舊約時期轉變成新約時代。及至基督宗教歷經羅馬帝國的三百年仇教運動，終因基督徒的堅忍不拔的精神，以生命和鮮血，不但爭取到宗教信仰的自由，而且使基督教成為帝國之國家唯一合法宗教之後，西方歷史就由奧林匹克以「競爭」為中心的文化，轉變成由耶穌基督名號以「仁愛」為中心的時代。西方時間的紀元從耶穌基督的生年開始，一直應用到今天。

耶穌基督有著東方人的思想方法，也有著東方人的人生觀；他在證道中，以及在教訓弟子的規誡中，沒有提及任何哲學理論的東西，也更沒有柏拉圖式的辯證，有的只是對「天父」上帝的信仰，以及人與人之間的「互愛」；也就是給予《舊約》中摩西法律的〈十誡〉一種新的評價與解釋。

因此，基督宗教在成立之初，根本就只對這些「從彼岸來的信息」有興趣，而用不著任何的哲學體系去支持。耶穌基督在宣道中，常常提及「你們聽古人說過……我卻告訴你們……」。耶穌基督是以「上帝之子」的身份在說話，他的話就是權威，不容許有任何希臘式的辯論。

但是，當這種「宗教」的思想類型，接觸到希臘哲學的思想方式時，後者習慣用「理」的尺度，去衡量所有對象，因而亦把「信」仰的內容，當作批判的對象時，基督教為了傳播自己的信仰，就不得不用一些「理」的解釋，來使人瞭解「信」仰的內容。

這就促成了中世哲學的開始，也有時被稱為「基督教哲學」的開始。

最先，為了抵禦教外學者的攻擊，教會中人有了「護教學」，專門用「辯證」的方式，用當時學術界能懂得的思想方法，替教義辯護；這「護教學」原是沒有體系的，通常是針對教外的各種攻擊或是教內的一些異端。這些護教學者後來被教會奉為「教父」。這一時期的哲學，也就被稱為「教父哲學」。

「教父哲學」的目的，是去衛護教義，並沒有建立體系；但當教會的發展漸漸強大，以至於能掌握到國家教育大權時，就有「系統化」的必要，這就是中世哲學中的「士林哲學」時期。

「士林哲學」開始時，是採用了希臘的邏輯方法，以及亞里斯多德的思想進程，編成了「啟示」之前的「理性」體系；用「自然理知」去理解現象界的一切，並透視現象界，追求那「看不見」的神性。

「理」的發展最高峰，是十三世紀。在這一世紀中，俗世中創立了許多大學，教會中開設了許多修會，二者都把「士林哲學」推至極峰。

但是，當「理」的高峰出現之時，人們正在反省與深思，究竟上帝是「認識的對象」，還是「崇拜的對象」？人類是以「理」能完美自身，還是以「心」來超度自己？於是，士林哲學中出現了「神秘主義」，以「心」的感受出發，設法去理解人性「知物、知人、知天」的奧秘。

第一章　中世哲學「史」的發展

　　由於中世哲學是西洋哲學分期中最長的一段,歷時有一千二百年之久,因而其「史」的發展也特別長。前面緒論中提到過,中世哲學大約分期有二:一是「教父哲學」,一是「士林哲學」;而且在「士林哲學」中,又可以內容及方法的不同分為「主理」以及「主心」的二派,後者通稱為「神秘主義」。

　　教父哲學時代,神學哲學不分家,不但內容上不分,就是方法上也難以分辨出「知」與「信」的分野。在士林哲學初期,已經開始設法,無論在方法上或內容上,分清神學與哲學的領域;及至士林哲學興盛時期,由於多瑪斯等人的努力,已能夠很清晰地處理了神學和哲學間的界限;到了士林哲學後期,由於失去了「彼岸」以及「神學」的內容,而理知又陷入唯名論的桎梏中,終於使貧血的哲學走向了末路,而由宗教改革家馬丁路德出來,完全放棄哲學的思考方法,而全心一意強調「信仰」,把哲學領域中的一切領回神學之中。

　　當然,馬丁路德是受了神秘主義的影響,才發現人性的完美不靠哲學,而靠信仰。神秘主義的出現,原在士林哲學鼎盛時代,其目的是把人性中,被「理性」忽視了的「心靈」重新提出來,作為存在以及生存的根本。神秘主義者多少以為「理」與「信」有衝突,而「心」則完全是為「信」而受造的;因而設法修正士林哲學以「理」為中心的哲學路線。

　　因此,在中世哲學「史」的發展中,在方法的運用上從「信」

到「知」，再從「知」回到「信」；在內容上是「哲學」和「神學」的對象交替進行，設法把基督教的教義與希臘哲學融會貫通，以造成西方一種集大成的思想文化。

現在，我就分段來敘述此期思想「史」的發展：

第一節　教父哲學

教父哲學是用希臘哲學的思辯方式，替基督教信仰辯護。可是，這其中困難不在實行，而在理論；因而，一開始時，就有「知識主義」的出現，先認定上帝的啟示，可以用知識去鑑定，至少能知道是啟示而不是知識。

就在肯定「知識」之能力之後，最早的一些教父，就開始循著「創世紀」的方式，建構宇宙體系；然後在這體系之外，安排上帝的存在；以及在宇宙體系之內，安置人的定位。

就在「人」的定位中，開始了靈魂與肉體的劃分，同時也開始了「理知」與「意志」的劃分。而由這些人性的二元，復由宇宙二元的希臘哲學成果，配合到希伯來民族中的天堂與地獄，永福與永苦，存在與毀滅，甚至上帝與世界，天使與魔鬼的各種二元對立的看法。

善、惡二元的劃分出來之後，就進入到教義的「真」、「假」問題，於是出現了許多有名的護教者：

⑴猶斯定 (Justinus, +165/7 A.D.)：最先著《辯護》(*Apologiai*)一書，「護教學」從此開始。猶氏利用了亞里斯多德的宇宙「動」的體系，把「第一原動不動者」聯合了柏拉圖的「至善」觀念，比之於《舊約》中的「存在本身」，而總結出「上帝」造物主的定

位。

　　然後從這「存在本身」的「動」，生生不息地分受出世界的存在；而且，在層次雜陳的物質宇宙中，安置了各種存在的分類，級級上升，由死物到生物，由生物到動物；在動物之後出現了人的「肉體」，這「肉體」分受了「上帝的肖像」靈魂之後，就成為整體的「人」。因而，和柏拉圖一般，也和〈創世紀〉的記載一般，「人」是頂天立地的，加上靈魂的「不死不滅」特性，而使「人性」變成連結時間和永恆，連結今生和來世的存在。

　　由於「人性」的尊貴，所有倫理規範因而都能透過「完人」耶穌基督的訓誨以及生平表率而獲得。

　　⑵依例內 (Irenaeus, +202 A.D.)：首著《反對異端》(Adversus Haereses) 一書，是護教學第二部名著。此書最先反對知識高於信仰邪說，後來用理論支持教會信條。依氏先由人性的感受開始，以為內在的各種情理的衝突，表明人性確曾受到損害，是為「原罪」的學說。這原罪需要醫治，因而首創「復原」(Recapitulatio) 學說，以為唯有通過耶穌基督的救贖，人性才能復原，回復到原罪以前的清白。

　　因而，人生的意義就在於認識自己，知道自己的原罪害處，而信賴耶穌基督。

　　⑶德爾都良 (Tertulianus, ca. 150-220)：首先指出理性的極限，以為「理性」永遠無法懂得「信仰」，而提出「因它荒謬，我才相信」(Credo, quia absurdum est) 的語句。而且，把雅典比作塵世理知的代表，而以耶路撒冷作為「從彼岸來的信息」的來世啟示的準繩。

　　⑷奧麗真內 (Origines, 185-254)：亦著有《辯護》一書，奧氏

用亞里斯多德的「形質說」來建構宇宙體系，以「上帝」作為「純形式」，而宇宙都是受造物，是分受了純形式的「形式質料」混合物。「純形式」充滿生命力，最先生下「聖言」(Logos)，這「聖言」就是耶穌基督，是純形式的具體化，是上帝降凡；由於其接受了肉體，因而變成神人之間的唯一中保。

第二節　奧古斯丁

　　奧古斯丁 (Augustinus, 354-430 A.D.) 是教父當中最偉大的思想家，也是集教父思想大成的人。奧氏發展了「心」的哲學，以為上帝的存在固然有客觀性，但是，人性找到神性之路則是在自己的心靈中。

　　大著《懺悔錄》(*Confessiones*) 以及《上帝之城》(*De Civitate Dei*) 二書，前者以「心對心」的談話禱告方式，訴說自己與上帝的交往關係，說明上帝在「個人」內心中如何工作，使個人趨於完美的地步。《上帝之城》是西方第一部歷史哲學著作，以俗世的精神與超越性的精神的對立，說明永恆與時間的分野，並闡明上帝在引導整個宇宙，走向自身的完美境界。

　　奧古斯丁的哲學，從人性對幸福的根本「追求」開始，藉著上帝在人心中的「恩寵」，而能自我「超越」。這「超越」的意義，不是把握了此世的功名利祿，而是以永恆與無限的上帝，來填滿我們無底的心。在「追求」與「超越」中，奧氏發展了「自由」概念，以為「我要做什麼，就做什麼」的說法，其實只是放任，不能說明自由的本質；而真正的自由是：「我要做什麼，就偏不做什麼」。這種能夠「控制」自己的行動，才算真正的自由。

　　但是，奧氏因了三十幾年的墮落歲月，而深深地感受到意志力量的薄弱，甚至說出了「若我墮落，我即存在」的語句，來表明人性的「極限」。在這極限的感受中，奧氏特別發展了「惡」的概念，幾乎可以說感受到人性的「惡」的存在。這種「惡」的發揮，對基督宗教中的「原罪」教義，提供了非常大的幫助；並且，導引了當代存在主義的思想路線。

第三節　波其武

　　波氏為羅馬的最後一位思想家，把畢生精力都放在統一希臘思想與基督教教義，真可稱為中世哲學之父。他的貢獻後人稱之為「上承希臘，下導中世」。更主要的，是研究了柏拉圖與亞里斯多德二位思想的共同處，設法融二大哲於一爐。

　　由於波氏要「上承希臘，下導中世」，因而最先把一些最主要的哲學名詞，由希臘文譯成了拉丁文，成為後來中世哲學發展的最根本工具。

　　還有，士林哲學以及其後的西洋哲學方法，都淵源於波其武，波氏把算術、音樂、幾何、天文「四科」，以及文法、修辭、辯證「三目」連結起來，成為「七藝」(Septem artes liberales)，成為日後西洋各大學的課程藍本。

　　在哲學問題中，波氏首先提出了「共相」，成為中世後來最熱門的討論主題之一。波氏又繼奧古斯丁之後，探討了「自由與命定」的課題，並給予更進一步的解答。

　　波氏本來有意將全部柏拉圖以及亞里斯多德的著作，譯成拉丁文，可惜因參與政治，位極首相，終於被誣入獄，並早逝獄中。

第四節 初期士林哲學

士林哲學的開始，也就是西方有系統研究學問的開始。其學術內容是依照波其武的「七藝」；教學方法則用「授課」(Lectio) 與「辯論」(Disputatio) 並進；學術的成果，就是由授課的講義編成的各種 「大全」 (Summa) ，以及收集各辯論內容的 「問題」 (Quaestiones)，還有一些小品 (Opuscula)。

這種制度化的提案，始自德國君王加祿大帝 (Karl der Grosse, 742-814)，自宮廷開始，一直發展到所有學術機構。

(1)斯哥德 (Johannes Scotus Eriugena, ca. 810-877)：以新柏拉圖主義者的姿態出現，先發展了新的宇宙架構，用「自然」概念貫通整體宇宙，把「神」、「觀念」、「時空諸事物」，都定位在「自然」之中。因為把「神」和「自然」看成同一系列之中，因而以為「知」和「信」，亦是一體之兩面。

(2)辯證和反辯證：由於方法的過份強調，致使西方第九、第十世紀沒有大哲學家出現。而到了十一世紀時，哲學竟成了「形式」，而缺乏內容；甚至開始用「公式」來談論哲學。於是出現了達米亞尼 (Petrus Damiani, 1007-1072) 設法否定純辯證之價值，而說出了「哲學為神學之婢」(Philosophia ancilla theologiae)，肯定人性的自由，以及人性和神性的超越地位。

(3)安瑟倫 (Anselmus Canterbury, 1033-1109)：最先提出「信仰需要瞭解」(Fides quaerens intellectum)，並且說：「我非為信而求知，乃為知而信」，闡明了 「知識」 與 「信仰」 之關係。並從這觀點出發，發明了上帝存在的「本體論證」，以為在理知極限上「不

能想比它更大的」(quo majus cogitari non potest) 就存在，而「上帝」概念就符合這種要求，因而結論出，上帝存在。

安氏的「本體論證」，來自他對「共相之爭」的意見。

⑷阿伯拉德 (Petrus Abaelardus, 1079-1142)：最先建立了中世的批判精神，並以之在「共相之爭」中獲勝。其批判精神始自懷疑，但結束於信仰，而其中的過程就是理知的探討。

第五節　士林哲學的全盛期

「共相之爭」之後，士林哲學邁上了全盛時期。先是亞里斯多德哲學的復興，學者們以為用亞氏體系，可以建構基督教哲學；而此二者的融會工作，是由大學和修會擔任。

⑴修會與大學：西洋十三世紀是文化鼎盛時期：教會中出現了各修會，社會上開設了各著名大學，以分工合作的方式，發展了學術。

一二一五年有道明會 (Ordo Praedicatorum) 的創立，一二二三年有方濟會 (Ordo Fratrum Minorum) 的產生，後者著重「心」的哲學，前者注重「理」的體系。

一二〇〇年有巴黎大學及牛津大學的設立，前者以「人文」為中心，後者則鑽研「自然科學」。

其後跟著有許多修會和大學相繼設立；會中修士整日抄寫古籍，而大學中學者則以之研究思想體系。

⑵方濟會哲學：代表有夏勒士 (Alexander Hales, 1170-1245)，以奧古斯丁「心」的哲學為骨幹，來消溶亞里斯多德哲學方法。有盧培拉 (Johannes Rupella, 1200-1245) 把猶太及阿拉伯哲學體

系引進西方，以之統一柏拉圖及亞里斯多德哲學。盧氏弟子波拿文都辣 (Bonaventura, 1221-1274) 以「流出說」(Emanatio) 來建構宇宙體系，然後用「類比」(Analogia) 的方法，在宇宙萬物的層次中，透視造物主上帝的偉大；但在另一方面，個人的修成則在於「走回內心」，在自己心靈中找到上帝的內存。此外尚有斯哥德 (Johannes Duns Scotus, 1266-1308)，因討論問題深奧，有「精深博士」(Doctor Subtilis) 之稱；斯氏統一了奧古斯丁與亞里斯多德的「心」與「理」，並特別發展了「類比」方法的運用；用內心發展信仰，用類比發展知識，用意志說明自由，用動因說明自然神學。

(3)道明會哲學：若說方濟會哲學大都跟隨了柏拉圖、奧古斯丁的哲學體系著重「心靈」的研究，則道明會走了亞里斯多德路線，著重「理知」的探討。道明會中大師輩出，今簡述如下：

大阿伯都 (Albertus Magnus, 1193-1280) 被封為「百曉博士」(Doctor Universalis)，因其調和了醫學、哲學與神學，並以之結束了「共相之爭」。其弟子多瑪斯是士林哲學最偉大的哲學家。

多瑪斯 (Thomas Aquinas, 1224-1274) 是中世集大成的哲學巨子，被封為「天使博士」(Doctor Angelicus)。其哲學走亞里斯多德路線，從「類比」的知識論開始，逐步建立形而上的原理原則，然後以這種原則建立人生觀，最後在人生觀中，擬訂出各種倫理規範，並以之實踐到具體生活中。

在知識論中，是透過對宇宙萬象的仰觀俯察，而用因果法則的「類比」推理，透過物理而洞察天理。這天理就是一切形而上的基準；人性也就必須從這基準，安身立命，擇善避惡，而趨於至善之境。

在形上學領域中，多瑪斯對「存有」概念的分析和把握，奠定了士林哲學本體論的取向；其宇宙架構的「分受」說，來自柏拉圖，其知識的「類比」方法，來自亞里斯多德。

在倫理學中，先界定人類行為之目的性，然後殿之以自由意志，以及追求自由之天性；最終以「享見神」喻作亞里斯多德的「思想自己本身」，作為人性最終歸宿。

此外，關於神存在的論證，多瑪斯無論在《神學大全》(Summa Theologica) 或在《哲學大全》(Summa Contra Gentiles) 中，都用了因果原則，而反對安瑟倫的本體論證。其五路證明，常被哲學界引用來證明上帝存在之哲學論證。

多瑪斯畢生致力於神學哲學之分野，以為哲學用理知，而神學則接受啟示之光。

第六節　神秘主義

神秘主義 Mysticismus 始自對「理性」獨霸的不滿；而以為人性除了「理」之外，尚有「情」；以為哲學不但要合理，而且也要合情。

這種思想早在十世紀末葉的靈修生活的提倡，就奠定了基礎。如聖本篤 (Bernhard Clairvaux, 1091-1153)、維多利 (Victor) 學派等人，都設法以「心」的「默觀」和「忘我」的方法，來完成人性與神性的結合。

中世的神秘主義以厄克哈 (Meister Eckhart, 1269-1327) 為首，都以德文著述，厄氏與多瑪斯同為道明會士，但卻沒有走「理」的道路，而以心中的「一點靈明」(Seelenfünklein) 作為人性與神

性的交往之處；因而，人生真義也就在於一個人能夠「回歸內心」，等待神的降臨。

陶勒 (Johannes Tauler, 1300-1361) 也是道明會士，以理論上「忘我」，實際上「貧窮」的生活，來度基督徒的一生，以為唯有如此，才算真效法了耶穌基督。

蘇色 (Heinrich Seuse, 1300-1366) 發展了人與人之間的「兄弟姊妹」關係，以「忍受痛苦」為走向成全之道。

德國神秘主義思想，後來影響了馬丁路德對宗教改革的信心。

第七節　後期士林哲學

士林哲學之走向末路，實則由於「情」和「理」無法得到和諧；而主「理」的人士漸漸著重純理的思考，遂演變成「唯名論」(Nominalismus)，否定知識之超越能力，更否定形而上的存在價值；肯定一切知識只是「名目」，一切形而上只是「空言」。而主「情」的一派，雖曾極力挽回厄運，但為時已晚。

一、唯名論

以歐坎 (Wilhelm Ockham, 1285-1349) 為首，最先提出「除非必須，存在不必增多」(Entia praeter necessitatem non sunt multiplicanda)。意思就是，個別存在於感官世界的事物已經足夠，不必再有任何總名或類名的真實存在。於是否定本體論以及形而上的意義和價值。

賀擔 (Adam Whodam, +1358 A.D.)，隨其師歐坎，反對「共相」一說，以為一切都應從經驗之知識論出發，並停止在感官個別事

物中。

　　歐特列可 (Nicolas Autrecourt, 1300-1350) 上承歐坎，下導休謨，是極端的經驗論者，以為理知無法連結主客間的鴻溝，唯有意志可為之，因而一切知識皆屬主觀想像，沒有客觀標準。

二、神秘主義的發展

　　以古撒奴士 (Nicolaus Cusanus, 1401-1464) 為首，古氏發展了「無知」才是智慧的高峰，「對立統一」(Coincidentia Oppositorum) 才是宇宙萬象的真象。因而，整體世界屬於「不可理解」，但「可以感受」的狀態，而這「感受」的根本，卻是把一切都放在「永恆形相之下」(Sub specie aeternitatis)，以永恆來超度時間，以無限來超度空間。

　　神秘的生活方式已經無法與具體知識論者抗衡，中世一千兩百多年的哲學，從此失去了新血液，而告終止；西洋等待另一思潮的來臨，來延續文化生命。

第二章 中世哲學的內涵

要明瞭中世哲學的內涵，必須走「知」和「行」的兩條路，前者可窺探基督教哲學的含義，後者可感受到其學說的精神。「知」多屬知識論範圍，「行」則是價值哲學中的課題；而連結「知」和「行」的關鍵，則是奠定人生觀的「形上」思想，中世的形上思想，一部份來自「彼岸的信息」，屬「信」仰的層面，另一部份由知識論透視而得，屬「知」的層次。現就分別論述之：

第一節 知識論

中世的「知」分成兩種，一種是人性自發，能由仰觀俯察得出來的因果原則之「知」，一種是靠「從彼岸來的信息」，「信」而後的「知」。中世知識論的入門，大多數用了亞里斯多德的邏輯方法，步步上升，希望連結「理」與「信」二重層面；「為信而知」(Intellige, ut credas)，以及「為知而信」(Crede, ut intelligas)，總是在相輔相成，交替而行。

可是，除了用感官知識開始，經過抽象作用，而獲得的概念，再連結概念而成判斷的分合，而成的推理之外，尚有一條神秘主義的路線，那就是內「心」。從仰觀俯察可獲得「超越的上帝」的存在，而從內心感受的修練，則可透視「自存的上帝」的親臨。站在實踐哲學的立場看來，主「情」的哲學不太著重感官，而著重心靈的感受。

　　但是，無論心靈的感受或是理論的推敲，其目的都是在追求真理，追求對物、對人、對天的認識和理解。而這些認識和理解，又是為了人性的安身立命。

　　中世知識探求中，最值得提及的，便是「共相之爭」，這爭論的起源和目的，都在設法理解知識「主體」與「客體」之間的關係，如何建立的課題。究竟「概念」是在事物之前（柏拉圖主張），或是在事物之後（亞里斯多德知識論），或是不先不後，而在事物之中？（共相之中的最終成果）或是後來唯名論所謂的，三者之間根本沒有關係？

　　「共相之爭」其實就是爭論人性的認知能力，能否透視個別事物，而走向形而上的領域？當然，中世哲學興盛時期，也就是給予這問題以肯定的答案和信念；而中世哲學的沒落，也就是對這問題的否定及侮蔑。

　　中世知識論方法問題，以奧古斯丁的「心」靈追求，以及多瑪斯的「理」知抽象，為二大支柱：其它學派，多以二大師為準，只在細節上思考進行的方式而已。

第二節　形上學

　　奠定了知識的基礎之後，就是建立形上學的問題。中世哲學家除了唯名論之外，多為形上學家。他們透過因果原則的推論，發展出本體論與神學，探討一切現象的根本原理；給事物一種最終的存在解釋。亦即是說，討論原因之原因，存在之存在。或用柏拉圖的「至善」，或用亞里斯多德的「第一原動不動者」、「純形式」、「純現實」，來比擬希伯來信仰中的「雅威」（Jahweh，原義

是「我是存有本身」)。

中世形上學的成果，在於架構好的宇宙論中，安置人的地位，因了人性的「靈魂」和「肉體」二元，使其能頂天立地，因了靈魂為「上帝的肖像」，而使人人生而平等，皆為上天的子女。在宇宙之外有「上帝」的超越存在，祂不但創造了宇宙，而且還一直掌管著宇宙。宇宙的一切，除了人有自由意志，可自己選擇人性行為之外，都由上帝的「命定」所控制。整體宇宙是一有目的的有機體，一切行動都向著已定的目的：物質宇宙的機械運動變化，由上帝創造時已決定；人類則自己選擇自己行為的目的。

由於人的靈魂是「上帝的肖像」，因而不死不滅，在人的肉體腐朽之後，靈魂繼續存在，而這種繼續存在的型態則全看其「此世」的功過。這種「此世」決定「來生」的學說，是所有宗教同意的想法。這麼一來，人生的意義就不在今生，而在來世；但由於今生決定來世，故在倫理學上，還是全力在注意今生的生活方式上。

第三節　價值哲學

從形上學的原理原則所導引出來的人生的意義，就必須由道德哲學的實行，實踐在日常生活中。依照這些原理原則，就是「價值」體系的定立。價值體系近觀可以是暫時的利害，但放遠一點看，則是永遠生命的獲得或失落。基督徒的人生觀，因為落實在永恆的來世，故對於今生的暫時生命的看法不同，譬如說到死亡，基督徒以為「死亡不是生命的結束，而是生命的開始」，因為塵世的生命一結束，立刻就開始了永恆的生命。有了這種信念之後，

初世紀信徒可以為了信仰而犧牲性命。因而，基督徒的人生觀，對生命的短暫無所謂，所關心的是「如何」活了這一生。

由中世哲學發展出來的藝術，無論是建築、繪畫、彫刻，或是詩歌、音樂，都帶有「追求永恆」的味道；各種修會的創立，都是設法把信仰落實到日常生活之中。教會中的各種規誡，消極上消除人世間的罪惡，積極上要把天國實行到塵世來，使今生的生命，盡量完美，變成來世生命的影像。

「縱使你得了普天下，若喪失了靈魂，對你有何益處」的訓誡，成為中世人生哲學的基準；耶穌基督註釋摩西〈十誡〉為「愛上帝愛世人」，就成為中世倫理的中心。

結　論

中世哲學，以史的發展為經，以內涵意義為緯，發展出整體「天、地、人」的哲學體系；從人的「知」的能力開始，無論是「理」的瞭解或是「情」的追求，都向著真善美集於一身的上帝，以祂為一切存在的「開始」和「終了」。又無論是人性能按「自然之光」而想透的事理，或是唯有透過「啟示之光」才能得知的信仰知識，都在完成人性的道途上前進。

人性能藉著對「物」的體認，超度自己到神性的境界，人性也能藉著「回歸內心」的反省，把自己超升到超乎物性的地步。人與物的關係是「類比」的認識、佔有和運用；人與自己的關係是「自知」；人與人之間的關係，由於靈魂是上帝的肖像，而是「仁愛」；人與神的關係則是信仰和崇拜。

中世哲學的發展，由於屬於宗教哲學的層面，故能深植人心，

也能成為西方哲學史分期中最長的一段。其對形上學的體認，是西方最有深度的一個時期。其神學和哲學的分合工作，終究都是西方最大貢獻之一。其所領導的宗教生活與宗教情操，對人性的修養，至今仍提供著許多值得參考的地方。

中世哲學，雖曾一度為西方最黑暗時代的十九世紀後半期，誣為「黑暗時代哲學」，但在二十世紀，經由許多學者鑽研拉丁原文，發現在黑暗中仍有著光明的一面，尤其對神性的描述以及對人性的闡揚，確實能與希臘或中國佛學時期比美。

第五講　奧古斯丁

　　奧古斯丁原名 Aurelius Augustinus (354-430)，西方人對他的稱呼，通常都冠以「聖」字，即聖奧古斯丁。奧氏是中世教父時代最偉大的思想家。

第一章　奧古斯丁的生平與著作

第一節　生　平

奧古斯丁於西元三五四年，生於北非他賈斯特 (Tagaste) 城。父名帕特里 (Patricius)，為商人，性情兇暴；母氏莫尼加 (Monica) 乃虔誠基督信徒，性情溫和良善。奧氏就由父系遺傳縱慾的傾向，而由母氏得來虔誠宗教信心。

幼年即傾心文學，十歲之前已通習拉丁文與希臘文。十一歲時離家，往麻倒拉 (Madaura) 城專攻拉丁文學，經四年，因該城風習敗壞，奧氏遂於剛年屆十五，即生活放蕩。年十七，父亡故；因經濟關係，曾輟學一年；後轉往迦太基 (Carthago)，攻讀修辭學。迦城生活靡爛，奧氏遂在慾海中浮沉，並與一女子同居；二年後，生一子，取名「神賜」(Adeodatus)。

年十九，讀西塞祿名著，一面迷於拉丁文學，他方面則開始追求真理；起初信奉摩尼教，後者教義在於揭發宇宙善惡二元，頗合奧氏生命中之感受。二十歲時，曾一度回鄉教授拉丁文，半年後自創修辭學院於迦太基。

年三十始開始懷疑摩尼教之善惡二元說，尤其晤談該教主教浮士德 (Faustus) 後，始決定離開該教派，而首途羅馬。在聖城一方面創辦修辭學院，另方面希望在宗教氣氛中，求得良心之平安。翌年去米蘭，遇聖盎博羅削 (St. Ambrosius) 主教，於是開始與基

督宗教有思想上的接觸。同時亦研讀柏拉圖著作，益發覺得基督宗教合理。於是，開始研讀《新約聖經》，而對保羅書信特別讚賞。

年三十二，傳聞同鄉安多尼 (Anthonius) 創修道生活，冰清玉潔，使奧氏自慚形穢；以為一鄉愚竟能克制肉慾，而自己身為學者，反而沉溺於酒色之間。於是立下志願，回頭改過，遣散情婦，而渡獨身生活。翌年復活節前夕領受洗禮。

其後回北非，參加傳道行列，但其間母氏與愛子都逝去，使奧氏更看破紅塵，而一心為教會工作。

西元三九一年被祝聖為神父，四年後封為主教；除治理教務外，餘時皆著書立說。著作中多用柏拉圖辯證，闡明基督宗教信仰。奧氏死於蠻族入侵北非之時，即西元四三〇年，享壽七十有六。

奧古斯丁的生平有戀愛，有成功，有失敗；有聲名洋溢之善，亦有喪母失子之痛。在他的一生中，深深感受到靈肉二元的困擾，自由與命定的衝突。他有追求真善美的強烈欲望，也有尋找幸福的平靜心境。他有理想，肯上進，犯了無數的過錯，但卻勇於認錯，勇於改過自新。奧氏的一生都在努力中度過，他的哲學就是他的生活。

第二節　著　作

奧氏著作非常豐富，涉及了許多問題，試以七種分類去概括：

(1)自傳類：《懺悔錄》(*Confessiones*)

(2)哲學類：《反學者》(*Contra Academicos*)

　　　　　《論幸福生活》(*De Vita Beata*)

《論秩序》(De ordine)

《獨白》(Soliloquia)

《論靈魂不死》(De Immortalitate Animae)

《論靈魂之量》(De Quantitate Animae)

《論音樂》(De Musica)

《論教學》(De Magistro)

(3)神學類：奧古斯丁神學著作很多，可分為護教學等六類，著作有十九部，其中最負盛名的有三部：

《上帝之城》(De Civitate Dei)

《論自由意志》(De Libero Arbitrio)

《論恩寵及自由》(De Gratia et Libero Arbitrio)

(4)系統神學類：大部份論及基督宗教教義，其中以下列書籍最著名：

《論三位一體》(De Trinitate)

《論恩寵》(De Gratia)

《論基督恩寵及論原罪》(De Gratia Christi et de peccato Originali)

(5)釋經類：著有四部註解《聖經》的著作。

(6)倫理類：有九部著作，多為討論人生在具體生活中所需要的倫理規範。

(7)證道類：著有三百六十三篇證道詞。

第三節　著作導讀

由於在教父時代的著作所討論的問題比較廣泛，而所用的方

法也無所不包，因而哲學、文學、神學、心理學、社會學等等都不分家；除了特殊的幾本教義著作之外，其它全部著述都有濃厚的哲學意味；我們要在這許多作品中排出個先後研讀的次序來，實在不是一件容易的事；但是，若站在整體思想以及思想的方法上看，我們則不難指出一條可行之道。

讀者為了認識奧氏其人其事，當然要先看那部《懺悔錄》(*Confessiones*)，這部自傳式的書，一方面體認出自身的渺小，以恩寵工作，領導人性向善；尤其在挫折中提拔人性、超度人性。《懺悔錄》解答著「惡」的起源問題，以及它在人生過程中扮演的角色；同時又提出知識與愛的課題，表示理知和意志在人類行為中相互補足的情形；甚至也有一些純哲學的問題，如「時間」、「超越」等等。

在《懺悔錄》中，讀者可看到奧氏把自己剖析得赤裸裸地，呈現在字裏行間；其一生的思想，以及生活動態，都在書中表露無遺。

第二本接著要讀的書是《上帝之城》(*De Civitate Dei*)。奧氏在這部書裏，用歷史哲學的眼光，討論善和惡的二元對立；以善為上帝之國，而以惡為魔鬼之地；善惡之爭，就是人生中正邪之爭。奧氏在研究此爭端之起源、發展，以及指出其興亡之必然性。以「天上之國」與「地下之國」作為歷史中善惡對立之楷模，闡釋其政治以及倫理的理想。

《懺悔錄》指出上帝對個別的人的拯救工作，《上帝之城》則說明上帝在領導全人類的歷史，如何賞善罰惡，如何使真理戰勝虛偽。

前二書可使讀者瞭解奧古斯丁的思想內容，至於其思想方法

則追隨了柏拉圖的辯證以及羅馬的雄辯，這種文字的運用，讀者可在《論自由意志》(*De Libero Arbitrio*) 一書中窺見。此書利用對話的形式，在一問一答之間表現了奧氏思想之精密，同時也讓讀者曉得西方初世紀討論專題的方法和步趨。

第二章 奧古斯丁的思想體系

一、思想背景

奧古斯丁時代的思想背景是羅馬時代，一切政治、經濟、社會、文化，都是羅馬做盟主的時期。希臘的輝煌時代已漸漸過去，雖然當時的學術仍有一部份傾向希臘文，但是，學術中心早已由雅典轉移到羅馬，拉丁文也漸漸地抬頭，大有取代希臘文之勢。

在哲學思想的發展上，由亞里斯多德指出來的路子，羅馬的司多噶學派和伊彼古羅學派，已經把哲學中「行」的因素，發展到了盡處；而在哲學低潮和走向沒落的危機中，東方的希伯來信仰早已傳入羅馬，而基督宗教的信仰，也已經過三百年的仇教運動，而獲得了「國教」的榮銜。教會在自身的發展和進步的追求中，已不斷地在文化階層上去打基礎，一方面反對外來的理論攻擊，另方面消除內在的異端邪說。這個時期出現的學者，多為教理辯護，亦即稱為「護教者」。而奧古斯丁在信奉基督宗教後，亦參加了護教行列，而且成為所有護教之集大成者。

在奧古斯丁自己來說，起先是對塵世的功名利祿，俱有極其濃厚的興趣；但是，他也因生來極富感情，總是有愛與被愛的衝動；故而，當外在世界的名利，無法與內心的情緒取得和諧時，哲學的思考既不能求得化解之道，於是投身宗教信仰，信奉了摩尼教十年之久；在後者亦無法替自己解決內心困難時，終於找到了基督宗教。因而，奧氏之思想體系，是直貫穿哲學與神學，心

理學與宗教；而且，由化解自己內心的苦惱問題開始，進而替教會辯護。

　　因此，在奧古斯丁的哲學體系內，一方面要走進自己的內心，去把握自己的理想，去疏導自己的情緒，去發展自己向善的追求；另一方面則需要在與當時的學者交往中，用理知辯論的方式和智慧去說出客觀思想的歸宿，即是向上發展出「上帝」的概念。然後把內心追求的幸福，和這位上帝連結起來；使上帝的存在成為宇宙萬物最初的原因，但同時又是人心安息的對象。在宇宙中，上帝是高高在上的「最外」存在；在人心中，上帝則是完全內存的「最內」存在。

　　因此，奧古斯丁的思想體系，在由「人」出發的哲學思考之路上，就分由這二條「外」和「內」的思路發展；這就是他的「向上之道」，其中包括了「向上」與「向內」，都是由人走向神的方向。另一條是「向下之道」，是由神走向人的方向，正是希伯來民族以及基督宗教所宣講的「啟示」。「向上之道」屬哲學，而「向下之道」屬神學。因當時神學哲學不分家，故在奧氏著作中，這些思想都成為其整體思想的一部份。

　　在奧古斯丁心目中，一個完人必然是一個有信仰的人，不但知道今生，而且信仰來世，不但對此世有信仰，而且對彼岸也有興趣。

二、向上之道

　　奧氏思想的第一步，就指出「敬畏上主，是智慧的開始」；因而哲學既是「愛智」之學，也就因此成為「通往神的道路」。

　　哲學從亞里斯多德開始，就被界定為「追求第一原理原則，

以及最終原因的學問」。在奧氏心目中，人性是可以藉著理知的超升，而走向宇宙萬有的根源。這也就是「向上之道」的「外在」路線，在這條路上，有理知的引導，有天地萬物的次序，可作為超升的進階。

但是，在「向上之道」中，奧氏固然承認亞里斯多德的論證，人憑藉理知，可以藉觀察萬物，而追求到最終的原因以及原理原則；但是，奧氏因了自身的生活經驗，卻更喜歡運用「心」靈的一條路，是由於內心對善和美的追求。內心追求平安、幸福；但是，平安和幸福在那裏呢？奧氏自身曾有三十三年的經驗，都在功名利祿中打滾，結果如何呢？到最後仍然結論出：「除非安息於您，我們的心永無寧日」的一句禱詞。

當然，奧氏在追求的生活中，發現了方寸之心的無限性；在有限的人心中，卻隱含有無限的欲望；站在這方面來說，人心是無底的，無論你放置什麼東西進去，都無法滿足它；唯一滿足它的方法，就是用無限和永恆的本體去填滿它。於是，奧氏在宗教經驗中，用柏拉圖式的記憶方法，把內心所追求的，回顧到上帝的本身，以為唯有上帝臨在我們的心中，否則心靈永遠不會獲得滿足。

這麼一來，在奧古斯丁的生命哲學中，整個生活的中心，在近處是人性在追求幸福，但是，這幸福的賜予者，甚至幸福本身，就是上帝。由於這幸福的本質和特性，都應該是「永恆」的，以及「無限」的，因而，在遠處看來，人性實在是在追求神性；要衝破本身的時間極限，走向永恆的境界，要衝破本身的空間極限，走向無限的天國。唯有在永恆和無限的國度裏，人心才會止息自己的追求。

但是，要完成這條「向上之道」的條件是，先要肯定人性的能力，肯定人本身擁有這種完滿欲望的能力；也就是說，人性有能力獲得真、善、美，也有能力使自己安息在上帝懷中。

可是，這種人性的能力卻被奧氏的生活體驗所否定了。於是，不能不在「向上之道」之外，找尋一條「向下之道」；也就是說，人找不到上帝，但是，上帝卻能找到人；人性沒有能力自己超升，上帝卻可自己屈尊就卑，降臨人心，使人性和神性合一在人的心裏。

三、向下之道

向下之道的最先含意，是表示了人的極限，是表示著希臘以及羅馬的哲學，已經無法解決人生問題，同時，這種極限的思想，原由希伯來民族所世代相傳而輸入到羅馬來。在希伯來對人性極限的探討中，用「原罪」概念，概括了人性的一切罪過和極限之源；而原罪的存在，正是阻礙人性超升的最大原因；原罪的消除也因此需要「外力」，需要掌管著「罪惡法則」的上帝自身，自己出面調停。

因此，基督教義中的「道成肉身」變成奧氏神學的中心，也就是其「向下之道」的焦點。唯有上帝變成人，才能夠使人變成上帝。人性和神性的合一，因而也就在於上帝的降凡。

上帝降凡的方式有兩種，一種是「宇宙化」，另一種是「人文化」；上帝宇宙化之途就是祂的創造：「太初，上帝造了天和地」；而在天地萬物當中，安置了存在的法則，能使人在「向上之道」中，透過對萬物的觀察，而能用理性結論出上帝的偉大。上帝人文化之途則是祂的「道成肉身」。在上帝降凡為人的三十多年的歲

月中，與人類生活在一起，對人類耳提面命，宣示著自身就是「道路、真理和生命」，人性唯有透過信仰才能通向天父。

在這裏，奧氏所發現的哲學問題是：人心的嚮往傾向，是怎麼來的。

為了解決這項根本的問題，奧氏一半採取了柏拉圖的「記憶」說，另一半採用了希伯來信仰的「創造」說。前者說明人類天生而有良知，而且這良知就是指引人向善的標準與動力，這天生的說法配合了「創造」，也就成了上帝在造人之時，就在人心內放置了追求幸福的熱情；因而，在奧古斯丁的學說內，神性總是在一切善惡的問題上，引導著人性向善。

更進一步，人性的變化，價值體系的轉變，民俗習慣對道德規範的轉移，在人類歷史中又屢見不鮮，因而，這種人性「記憶」原始人性的道德，日久天長，恐怕會有所偏差；因而，上帝在人心中固然放置了「誡命」，但這「誡命」卻可能因了環境的改變而變質；因而，又以摩西為媒，再次頒發了〈十誡〉，成為人類道德規範的最高標準。摩西〈十誡〉的流傳，與其它民族的倫理道德，都成為人性向善的憑證，都成為人類在追求幸福途中的指南。

這麼一來，上帝的「向下之道」一方面個別地在人內心工作，另一方面又以群體的組織，來引導人性走向幸福。於是，奧古斯丁因了自身的體驗，解釋了良心不安的最大理由，因為一個人違反了良知「行善避惡」的呼聲；同時又指出良知的外在標準，即教會中的規條。奧氏的人生哲學，在善惡標準一課題上，給予後來的倫理學，莫大的貢獻和啟示。

人性的「向上之道」屬理解，需要「瞭解」始能把握，而神性的「向下之道」屬啟示，需要用「信仰」才能獲知。於是，奧

氏連結了此二途，即說出：「為知而信」與「為信而知」(Crede ut intelligas! Intellige, ut credas)。超過了德爾都良 (Tertulianus) 的那句：「因它荒謬，我才相信」(Credo, quia absurdum est)。

　　「信仰」與「理知」的調和，是中世哲學根本課題之一；更是教父哲學問題的核心。

四、自由與罪惡

　　「罪惡」的感受很少有思想家到達了奧古斯丁的程度；他在良知的反省中，從孩提時代偷鄰家梨子的事情開始，就發現內心除了向善的追求之外，尚有一種對惡的傾向。偷梨子並不是因為梨子好吃，也不是因為家裏沒有，而只是「為偷而偷」，設法表示自己存在在法律之上。後來奧氏的放蕩生活，更助他反省深思「惡」的起源及意義的問題，同時當然就連帶了「自由」的問題。

　　人性內心有對「善」的追求，又有向「惡」的傾向，因而，無論人選擇善或是選擇惡，都在表示出自己是自由的，自己可以在善或惡中選擇一種。明明知道惡，而又去做；明明知道善而不去做，這正是說明了人在意志上的極限，遠超過理知上的極限。

　　但是，作惡究竟是什麼呢？是否像柏拉圖式的想法，「缺乏善」就是惡？抑或是有更積極的意義？一個人故意「犯」罪，表示他自己站在是非善惡之外，而敢於以身試法；在這種「墮落」的情況下，人性究竟是什麼呢？奧古斯丁在這些問題中，很特殊地指出了一種答案，那就是：「若我墮落，我即存在」(Si fallor, sum)。

　　「惡」的存在，尤其是積極的惡的存在，最先要說明的，就是作惡者的存在。這存在的引伸，就是在善與惡的二元對立中，一個人可以任選一邊，這就表示出他有「自由」。因而，作惡的傾

向倒容易證明自由的存在；比起行善的天性，更容易指證的確有自由抉擇的情事發生。

這麼一來，對「自由」問題的深度，奧氏可說發揮到了極處；他先提出兩種說法，表示出自由意義的多元性；然後再指出此二者的高下。這兩種說法是：「我要做什麼，就做什麼」是自由；另一種說法則是：「我要做什麼，就偏不做什麼」才是自由。

奧氏在分析和辯論中指出：真正的自由基礎，應該是「我要做什麼，就偏不做什麼」，因為他提出了一個人是自己的主人，能夠控制自己的欲望，不做自己情緒的奴隸。一個人在有了這種內在的精神自由之後，才談得上爭取外在的自由；在外在自由的表現中，就是「我要做什麼，就做什麼」。

奧古斯丁對自由的這種看法，極似我國古代的「從心所欲，不踰矩」。

五、恩寵與光照

在奧古斯丁著作中，尤其是他的《懺悔錄》中，處處表現出人性的極限，正如保羅說的：「我喜歡的事，卻不去做；而我憎恨的事，反而去做了。」人性超升的困難，就由神性的恩寵和光照所補足。前面所提及的「向下之道」，即是奧氏對人與神之間的一般關係，在這裏所要提出的，則是人性無時無刻，都需要上帝在內心的光照和恩寵。光照是使人開啟智慧，知道是非善惡；恩寵則賜人力量，使人能夠行善避惡，而又同時願意行善避惡。

當然，在這種問題的核心裏，發生了自由意志問題，究竟上天的幫忙和干預，是否影響了個人的自由？這是難題一；難題二是：如果上帝是全知的，祂早就應曉得此人將來會如何運用自由；

　　但是「惡」的誕生則是由於人類妄用了自由；試問一位至善的上帝，如何允許「惡」的存在？亦即是說，人性是否在這種情況下仍是自由的？這種難題當然就導引出二難式：或是上帝不存在，或是人沒有自由；魚與熊掌，不可兼得。

　　但是，奧古斯丁自己既然提出了這難題，當然也就負責解答：在人性面前，時間有三度：過去、現在與未來；可是，在上帝面前，一切都在永恆的現在之內；在上帝的知識裏，根本沒有所謂未來，或過去；一切都呈現著現在。上帝賜給人自由，是要他善用自由；固然，人類有作「惡」的可能性，但是，在人類作惡後的善後問題，卻更顯出上帝的大慈大悲；那就是那「回頭」的恩寵，以及恩寵中的恩寵——「道成肉身」的恩賜。「幸福的罪惡！」的呼號，正表示著，人類因了罪惡，而換取了上帝的恩寵。

　　在奧古斯丁看來，人類就在一切迷失和迷惑中，在一切引誘和頹喪中，能夠由於上帝的光照和恩寵，仍然成為頂天立地的人。

　　就在「恩寵」以及「追求」的整體探討中，奧氏以禱告的方式，把二者連結在一起：「賜予你所命的，就命你所願吧！」這篇禱詞，不但說明了人神之間交往的起點和動力，都在上帝本身；而且也的確解決了奧氏在開始時，理知與信仰衝突時的心境。他說過：「我要先祈求你賜給我恩寵呢？還要你先給我恩寵？可是，如果我不祈求，你怎麼會給我？可是，如果我沒有你的恩寵，又如何有向你祈求？」

六、時間與永恆

　　就像關於自由的問題一般，對時間問題，奧古斯丁也是西方第一位哲學家，提出來加以深入討論的。

奧氏先用哲學的方法討論「時間」，他先承認：「如果沒有人問我時間是什麼，我自覺知道它是什麼；但是，如果有人問我時間是什麼，我就不知道它是什麼了。」時間真是一個謎！它之所以是一個謎，並不是因為它不是一種「實體」，而是由於它和「永恆」的關係，它照理說，應該是從「永恆」那裏開始的，應該是永恆的「小塊」。但是，由於邏輯上「永恆」不可分割，永恆的多少分之幾，都是永恆；永恆永遠不會是時間累積而成的。這麼一來，時間是怎麼開始的？是奧氏在對時間的問題探討上，一而再提出的問題。

不但如此，人生在時間中，但是，其欲望以及各種追求卻是向著永恆；依照柏拉圖的說法，靈魂是從永恆的觀念界而來的，降凡到時空中，雖有時空的束縛，但是，其內心卻向著永恆。這麼一來，時間不就是「分受」著永恆？人性不就是要利用時間來換取永恆？

七、追求與超越

奧古斯丁哲學的開始是「追求」的天性，其哲學的終極則是「超越」。這是奧氏的信念，同時亦是他的哲學經驗。

追求的基礎是天性，追求的近目的是幸福，最終目的則是永生，或稱幸福之生命 (Vite beate)；這幸福生命是無限與永恆的，因而本身就是超越，超越了時間與空間。這是人性的超升，由此世超升到彼岸；而彼岸的終極則是上帝自己；於是，奧氏的宇宙觀和人生觀在這裏合而為一：他的宇宙觀從上帝開始，經過創造和救贖，而到達世界和人類；而其最終的動力則是上帝的「愛」。他的人生觀從人性的追求開始，經過對幸福和超越的探討，而安

息在上帝的懷中。而在整個歷史哲學中，無論是上帝在各別的人心中所施的恩寵，又無論是領導整個世界走向超越之途的構想，都顯示在人心靈中對真、善、美、聖的嚮往。而這種嚮往的完滿則是靠著人的追求與上帝的恩寵的合作。

八、神

在奧古斯丁心目中，上帝本身就是真、善、美的化身，是人類知識、道德、藝術所追求的終極目標；再加上宗教的「神」聖，於是把神的問題放置在一切學問之後，但亦在一切學問之上，奧氏不是先有宗教信仰，然後站在信仰的立場去研究哲學；而是反過來，在研究哲學透徹之後，獲得了信仰。

這信仰的對象是上帝；但是，上帝的尋獲卻不是由於信仰，而是用哲學的方法。這哲學方法就是柏拉圖哲學的內心追求。人自己無法進到自己的心靈深處，當奧氏走進內心，去觀察自己的欲望究竟是什麼時，發現上帝早已在那裏，於是說出了「你比我自己更在我自己內」的語句。回歸內心與上帝接觸，這是奧氏最主要的哲學道路。

從上帝在人心中的體驗開始，進而提出了上帝本質的不可言喻，是「比人的悟性更高」、「比人的感受更深」的一種存在。雖然如此，上帝的存在仍然是在內心可以感受到的；祂的慈愛也是在內心可以覺察到的。就憑了「心與心」的哲學方法，奧古斯丁找到了宇宙和人生的最終原因和原理原則。並把自己的內心，安息在其上。

這種人與神的關係，當然就超越了「知」，而是在「信」與「愛」之中完成。奧古斯丁的宗教信仰，也就在人與神之間的心靈交通。

這種宗教意識，影響了後來的存在主義哲學，像祁克果所主張的：人不能站立一條腿去討論神的存在與本質；而應當雙膝下跪，感謝袘的恩惠。又像馬色爾在「融通」中所提出的，在人的內心必須有「絕對你」的存在。

結　論

奧古斯丁對西方哲學的貢獻，在於：

一、把希臘哲學的最終原因，以及最後的原理原則，賦予「人格」的意義，連結了希伯來信仰的上帝。人與神之間的連繫成為「人際關係」。

二、在人生哲學中找尋到「內在之人」的全盤意義，以及人性的內在價值。心靈的交往以及人生的價值，在於內心的愛。

三、以「心對心」的哲學方法，發現了「知」與「信」的密切聯繫，同時指出了人的整體性。

奧古斯丁是西方最偉大的哲學家之一，他發現了人類心靈的價值和能力。這種哲學方法導引了後來的神秘主義，同時也將是中西哲學融合的最近交接點。

第六講　多瑪斯

　　多瑪斯原名 Thomas Aquinas。西方中世二位大思想家之一。
若說教父時代的奧古斯丁設法統一「知」與「信」，則士林哲學大
師多瑪斯要把「知」與「信」劃分清楚。

第一章　多瑪斯的生平與著作

第一節　生　平

　　多氏於西元一二二四年生於意大利內亞培 (Neaple) 省一小城內，貴族出身，五歲入學，十四歲時習通亞里斯多德哲學：翌年就讀內亞培大學，又五年入道明會為會士。一年後，遊巴黎、科隆等著名學府，從師大阿伯都 (Albertus Magnus)，後者用奧古斯丁哲學補亞里斯多德學說之不足，並調和了神學、哲學與醫學。

　　西元一二五六年，在巴黎與波拿文都辣 (Bonaventura) 同時畢業，考得碩士學位。隨即在巴黎大學任教，三年後回意大利，在許多大學中執教。教學期間，結識亞里斯多德專家摩而柏克 (Wilhelm Moerbeke)，並從之獲得亞氏譯作；從此更專心於亞氏哲學體系之建立。一二六九年重回巴黎大學任教職，三年中出盡風頭，與許多不同派系之哲學家辯論。一二七二年回內亞培母校執教，二年後在往里昂途中逝世，享年五十歲。死後被封為「天使博士」(Doctor Angelicus)。一五六七年受教宗庇護第五世封為教會「導師」；一八八〇年被教宗良十三尊為「學校主保」。

第二節　著　作

　　多瑪斯著作極豐，可分為四大類：

⑴註釋類：釋註亞里斯多德 Commentaria，共十二種。

　　　　釋註《論原因》(Commentarium *Liber de Causis*)

　　　　釋註《龍巴杜斯》(Commentarium *Petrus Lombardus*)

⑵辯論類：辯論之問題 (Quaestiones disputatae)，共十六種。

　　　　《反沙拉齊等人》(*Contra Saracenos, Graecos, Armenos*)

　　　　《反希臘人之錯誤》(*Contra errores Graecorum*)

⑶大全類：《哲學大全》(*Summa Contra Gentiles*)

　　　　《神學大全》(*Summa Theologica*)

⑷小品類：小品 (Opuscula)，共十種。

　　　　神學小品 (Opuscula theologica)，共十二種。

　　　　各種問題 (Quaestiones quodlibetales)

第三節　著作導讀

多瑪斯的學說體系，寓於他的兩部「大全」之中。學者可依其著作先後，先讀他的《哲學大全》(*Summa Contra Gentiles*，直譯為《反對教外大全》)。此書成於一二五九到一二六四年，歷時六載完成。全書共分四卷，第一卷站在知性立場，申論上帝的存在、上帝的性質以及祂的一般行為；第二卷討論上帝與世界的關係，論及創造以及人性，尤其闡明人類知性的能力與極限；第三卷論及善惡問題，以及人性對善惡的態度；同時討論人性在擇善避惡的途徑上，所遭受的種種困難，以及化解困難之道；第四卷直接進入神學領域，討論神學上的種種問題；以耶穌基督為中

心，使人性能與神性結合，而完成人性的高峰；同時討論了教會內引導人性超度自己的各種方法，以及今生和來世的人類命運。本書第一卷分一百零二章，第二卷一百零一章，第三卷一百六十三章，第四卷九十七章，合計四百六十三章。讀者依序讀完本書，即可知道多瑪斯作此書的原意，是為「有神論」辯護，因而書名也就稱為《反對教外大全》。著作的緣起是由於十三世紀時，回教國家的哲學開始接受亞里斯多德的學說，而鑑於教外無神論者謬論之為害，而且在回教學者中，苦於找不到適當人選，替教會信仰辯護，於是商請多瑪斯寫一套「護教大全」，用亞里斯多德的思想體系，站在哲學的立場上，指明「有神論」之信仰合理；因而亦稱為《哲學大全》。

　　在讀完《哲學大全》之後，就進入多瑪斯的學說中心，去讀他的代表作《神學大全》(Summa Theologica)。此書始於一二六六年，脫稿於一二七三年，歷時八載始完成。期間正是多瑪斯從意大利許多大學教席中，走向巴黎大學執教，聲名洋溢海內外之時。《神學大全》是多氏在大學講堂中有系統的講義。此書分成三大部份，加上一卷補遺，算是第四部份。全書以「問題」(Quaestiones) 的分章方式進行。第一部細分為一百一十九個問題，討論上帝的存在，上帝的特性，上帝三位一體，上帝創造世界、天使、人類以及人類知性的能力和極限，以及天使和人類的善惡問題。第二部份再細分為二部份：前半部討論人生目的、人類行為、人類感性生活、法律和恩寵，共有一百一十四個問題；後半部申論人性的各種美德，如信、望、愛、智、仁、勇等，同時討論人生的各種職務以及生活模式，共有一百八十九個問題；第三部份進入神學奧秘部份，討論上帝的降凡，以及人性如何透過各

種聖事而與神性結合；特別申論了洗禮、堅振、聖餐、悔罪四種聖事，整部合計為九十個問題；補遺部份是連續第三部份的神學問題，尤其是繼續討論聖事諸問題，以及申述來世生命的課題；特別提出死後復活的理論；全部有問題九十九條。

　　讀者在《神學大全》中，不但可窺探出多瑪斯的哲學思想全部，同時也會發現西洋中世開始之後的方法論，如何以「用一切去衡量一切」的方法，去討論宇宙和人生的問題；又如何以知性的能力，設法去知物知人知天。並且，更主要的，是人的意志，它可以使人理解和接受那些能瞭解的事物，而同時亦能使人接受那使人不瞭解的事物：這就是「知」和「信」的最主要分野。

第二章　多瑪斯的思想體系

　　多瑪斯的思想體系，以其整體的架構而言，形式上是繼承了亞里斯多德的系統，內容上則加入了希伯來的信仰：因而在神學哲學的發展上，雖然設法區分「理知的」以及「超理知的」（即「信仰的」），但在統一性以及整體性上看來，卻正在指明人性的超越能力；對這種超越能力的體驗，多瑪斯完全發揮了自希臘以來的西方的專長，把人性用「萬物之靈」的尺度，去知物知人知天。中世哲學大師中，若說教父時代的奧古斯丁，由於自身對罪惡的體認，而發現並展示了人性的「極限」的話，則多瑪斯推動了士林哲學的全盛時期，而重新以理知的辯證，指出了人性的「能力」。

　　這種由理性出發，能夠指證出人性的能力的體系，在多瑪斯的哲學中，很清楚地有下列的架構：

知識論　→　形上學　→　辯神學　→　人性論　→　倫理學

　　當然，多瑪斯體系中的「從知識論到形上學，再從形上學到倫理學」的道途，是採取亞里斯多德的，但是，與形上學平行的，或是說從形上學再上到「從彼岸來的信息」的神學啟示，而由此啟示而「理性化」的辯神學，則採用了柏拉圖以及亞里斯多德二位學說的混合運用。還有從辯神學作為基礎，而總結出來的人性論，則是集合了希臘與希伯來二者之長，而創造出更富生命氣息的人性：從這種人性論啟發出來的倫理學，當然就與希臘或羅馬

有許多根本不同的地方。也就從這種人性論中，再回復到知識的探討時，就會發現：整體哲學體系都因了人性的超升，而作自我超越的衝動。多瑪斯的哲學體系是活的，是有層次的，是依著理知追求真理的層次而漸漸躍進的。

接下來，就進入他的哲學體系中。

一、知識論

多瑪斯的知識論的中心課題是「類比」概念。所謂「類比」就是：一方面承認人性天生來就有認知的能力，而這種認知的能力首靠「歸類」，在歸類之後獲得「總名」或「概念」，然後用「理知」的能力去推論，就成知識。另一方面則指出事物存在的法則，是有次序，有系統可尋的；人的思想法則一旦有了體系，就可以認識有系統有次序的世界。

這麼一來，多瑪斯固然承認人有天生的認識能力，但卻不贊成有天生的知識；因此，在多瑪斯的心目中，所有的知識都是後天的；但是，這「後天的」意義卻並不等於是「求得的」；因為在我們一生中，固然絕大部份的知識是求得的，但亦總有一些知識是「啟示的」，宗教信仰中所有超理性的教義，都是屬於啟示的。

在認知的能力方面，多瑪斯採取了亞里斯多德的學說，以為人生來就有求知欲，這求知欲可以透過感官作用以及理知作用去滿足。感官作用供給理知思想的原始資料：理知就把這些原料加工，使其由雜亂無章的變成有體系的，使其從個別的變為共相的，使其從具體變為抽象。人的感性的能力是知識作用的準備工作，理知的作用才是真正的認知：尤其理知的推理作用，更能夠在事物生成變化的現象中，推論其背後的原因，以及運動變化的根本

原理原則，甚至在最簡單的現象背後，發現最終的原因，以及第一原理原則。因此，在多瑪斯的知識論中，人性理知的動能就成為問題的重心；它用三種不同等級的自我超越，能夠把事物一級級地超度到「存在本身」的層次和境界。這三種不同等級的超越次序是：時空界諸事物、數理界、形上界。在時空界諸事物中，人性的認知能力只需要用感官作用，就能把握住它們，就可以用「歸類」的能力把它們化成「概念」而抽象化，使其脫離時空的束縛，而進入理念界。在理念界中，最低一層的是數理界，是專管形式而把實質存而不論的一個層次。在這最低層的理念界中，時空界諸事物只能以「形式」的身份進入，而人性的認知能力，也可以不必靠任何的感官經驗，來支持自己，而可以憑單純的思考能力，有辦法領會百萬、千萬，甚至無數等概念；這些概念所代表的內容，絕不是任何人靠感官作用能體驗到的。這裏所說的形上界，就是要討論「存在本身」，討論「存在」之所以然的學問。

這種討論存在本身的學問，就是「本體論」，本體論本身就是形上學的課題之一。如此，人的理知就從知識論的層次，跳到了形上學的領域。

在進入形上學之前，多瑪斯還要站在批判的立場，討論人性知性的可靠性程度；這種程度的考驗恰好由認知的對象來區分。那就是真理三級之劃分：最高一級的真理稱為形上真理，如同一律、矛盾律、排中律、全體大於部份等，是絕對的，沒有例外的，超時空的。形上真理之下有物理自然之真理，像石塊下墜，水向低處流等等，是相當真的，但因了時空的變化則可能有例外。在物理自然之真理之下有人為的或稱倫理的真，如母愛子，廚子不下毒等等，固然絕大多數情況下是可靠的，但是畢竟屢次聽到例

外。因而，在知識的追求上，多瑪斯必然要從物理的、自然的、人為的、倫理的層次，再走向形而上的層面，以求得絕對的、超時空的真知識。

二、形上學

從「知識求真」的原則上看，而同時又把「真理」定位於理念界的事實，就促使多瑪斯在推理的工夫上更上一層樓，再次用「類比」的抽象法，配合著因果原則的運用，而把歸類的終極點出來，形成「本體論」的初步構想；討論「存在」之所以然，同時用金字塔形的架構從感官經驗的最底層存在，步步高升，抵達抽象界的理念高峰。

原來，西方的知識論，從蘇格拉底的「概念」抽離法開始，就認定了人性的認知能力，能夠用「歸類」的天生能力，創造概念：復由亞里斯多德的邏輯系統，把「概念」躍升到高一層的理念之中。就如由張三、李四、王五、趙六等人，抽離出「人」的概念，再從狗、貓以及其它禽獸的概念與「人」一起討論時，就有「動物」的概念出現。同樣從大紅花、椰子樹、竹子等集合成「植物」概念；「動」、「植」二物又可簡化作「生物」：再加上石頭、沙子等無生物，而終於到達「物」概念（西洋稱之為「存在」或「存有」）。這麼一來，若說「人類學」不是討論張三或李四，而是抽象地討論所有人性；若說「動物學」不直接研究獅子或老虎，而是一般地探究動物；諸如此類的學問有充份理由存在的話，則這門「本體論」專門討論存在，而不是注重各別事物的學問，也就同理有充足的存在理由。

這是從「類比」方法推論出來的形上學可能性。

　　另一方面，多瑪斯又在因果原則中發揮了柏拉圖的「分受」概念。這「分受」概念的意義在於：果的存在是分受了因的餘蔭。從與具體事物的感官經驗開始，獲知在許多存在系列當中，尤其在生成變化諸現象中，能從果推論到原因；而且這種推論因為有生活體驗做基礎，而很是可靠。就如任何人看見一張桌子，都有充足的理由指證出，它有四種不同的原因；而桌子本身是果，四因才是它存在的理由：首先是質料因，世界上無論什麼桌子，都必須有材料構成，無論是什麼材料都可以，但必須要有材料；沒有材料就沒有桌子；繼則有形式因，桌子總得有個形狀，無論它是什麼樣子，但總得有一種樣子。這質料因和形式因是站在桌子本身的立場去看的；可是，桌子本身，即是說，有了構成桌子的材料，同時又有了桌子的圖樣，桌子仍然不會自己就存在，還需要外在的原因；那就是形成因和目的因：前者是工匠，是直接利用「質料」和「形式」去做桌子的人，沒有他，桌子就不可能存在。通常我們所說的原因，大多數就是指形成因；就如我寫了這篇文章，就說文章是果，我是因；而哲學的探究還要更進一步去問，「為什麼」我要寫這篇文章，「為什麼」木匠要做桌子。這麼一問，我們才曉得桌子存在的最終理由，不是材料，不是形式，而且亦不是木匠，而是「目的」。這目的因就是問及「為何要做這張桌子」的答案，也是促使這張桌子存在的最後理由。

　　從這種「本體論」以及「因果律」的探討結果，多瑪斯就順理成章地建構他的宇宙論體系。

　　宇宙論所探討的問題，還是從感官經驗開始，覺得萬事萬物都在變動，都在生成變化之洪流中。生成變化甚至生滅現象的最終原因，也就是問及「為什麼」會變化的問題答案。多瑪斯利用

了亞里斯多德的「形質說」，配合著因果的解釋，以為宇宙的形成，在其本身來說是「形式」超度著「質料」，而使質料變成存在（桌子的形式去界定材料而成桌子）。這麼一來，在宇宙多層重疊的設計中，桌子又成了構成一間課室的質料，而課室的形式規定了桌子的定位；同理一直推演下去，而包羅了萬象世界的整體：下層的形式竟然變成了上層的質料。這種處理法顯然的是站在物質世界本身去看事物；若站在客觀立場，在事物外面去觀察時，則發現「形成因」與「目的因」在遙控，而此二者固有潛力，不但可以使之變為現實，亦同時可以使其停留在潛能階段；像這篇文章，我可以寫它，使它從無變有，亦可以不寫它，使它永遠停留在「可能性」的階段。這麼一來，這外立的「潛能」和「現實」的交互重疊，與內在的形式和質料的交互重疊，竟然完全符合，內外觀察都一致時，就確定了「事物」存在的最終理由。

不僅如此，就如在嬰兒身內，孩童只是潛能，嬰兒才是現實，可是一旦嬰兒利用自己變成孩童的潛能而長成孩童時，孩童就成了現實；而在這現實中，隱含了青年的潛能；如此類推下去，整體的宇宙因為都在生成變化之中，因而都成了潛能和現實的重疊，下層的現實成了上一層的潛能，上一層的現實又成了更上一層的潛能。

縱觀這內外兩系列，雖然在認知的層次上是從下到上，是從果推到因，從質料推到形式，從潛能推到現實，但是，站在「存在」的次序上，則顯然的充滿了「分受」概念，下層的存在是由上層來決定，來賜予，來分受。

因而，最先認識的是最後存在的；最先存在的卻成了最後認識的。

　　從這種可理解的世界看宇宙論的體系時，讀者很快就會發覺到「諸因之因」、「最終之現實」、「最高之形式」的成果，也就是說「存在之存在」，或是「存在本身」的確定性。就在這種哲學成果中，多瑪斯配合著希伯來民族的信仰，把〈出埃及記〉中的「雅威」（意即「存在本身」）搬出來，把信仰中的「上帝」，變成哲學中的「上帝」；因而有了「辯神學」或稱「自然神學」的誕生。

三、辯神學

　　多瑪斯無論站在哲學的立場，在《哲學大全》中，或是站在神學的立場，在《神學大全》中，前半部都在討論「神」的問題，尤其有關祂的存在、祂的特性、祂的作為等等；最後更討論到人神之間的關係。

　　辯神學最重要的課題就是證明神存在的論證。多瑪斯集合了柏拉圖宇宙論的「分受」原理，以及亞里斯多德的知識論的「類比」方法，發揮了「因果原則」的種種，而提出了有名的「五路證明」。所謂五路證明即是說由五種不同的角度，在因果原則下，去指證出神的存在。這五路其實是一個證明，一個由因果原則編織成的證明：從現象界的觀察，由果推到因。

　　第一路證明發展並擴大了亞里斯多德的「第一原動不動者」。在亞氏對世界運動變化的觀察中，看成一切變化都是由潛能走向現實的過程；而自從形而上的「從無不能生有」的原則，推論出所有的生成變化現象，都由純現實而來，是它推動著一切運動變化，亦是它使一切潛能變成現實。這種最終動因的追尋，止息在「第一原動不動者」的身上，多瑪斯就稱之為神。

　　第二路證明走出了事物變化的內在因緣，而在運動變化之外，

去看形成因的需要。在現象的諸多觀察中，生成，發生等現象，都在說明有的事物，以前沒有，現在有了；或是以前有了，現在卻消失了；這種生滅現象用「事物不能是自己的原因」的原理原則，就指出在事物自身之外有形成因的存在。也就是說，事物的生滅應有外來的原因在推動，在促成。這種外在原因的最終追求，所獲得的「第一非果之因」，多瑪斯就稱之為神。

第三路證明仍然站在現象的觀察中，很顯然的，現象界有些事物是必須的，也有些是偶然的：偶然的事物如果沒有必然的存在去支持的話，就不可能從可能性變成實有，不可能從潛能變成現實。現在，既然有那麼多原本不必然的東西存在了，因而就推論到有必然的事物的存在；用哲學的最終原因和最後原理原則的追求法則，勢必追問到絕對必然的存在。這存在就被稱為神。

第四路證明討論著存在的等級問題，是柏拉圖哲學「分受」概念的重新理解。在感官事物中，有高低貴賤的存在等級之分，既有等級，也就有「最高的」存在，在用抽象法則的原理下，一切真善美的峰頂，必然是真善美的自身，亦因而成為唯一同時是真善美的本體。這種最高的存在就是存在本身，柏拉圖名之曰「至善」或「善自體」，形容之為「自滿自足者」；而多瑪斯就稱之為神。

第五路證明是最通俗的一路，是在人觀察到宇宙萬物的次序，而想起「次序」之前的「混亂」；從混亂到次序必然需要整理的人；而整個宇宙的井然有序，就推論出一位超人的神的存在。

當然，這五路證明並不是盡善盡美的，運動系列可以假設著無限後退的可能性，也可以用輪迴的方式，使因果循環。雖然多瑪斯在學理上解釋了許多理性一定站得住的論證，但是，「神」的

存在問題，由於不單是客觀的課題，而是關係著人生的來世禍福
的問題，因而，亦並非全由理知可以完全解決的。正如十九世紀
哲人祁克果所說的，上帝不是認知的對象，而是崇拜的對象。

　　由於認知的上帝不一定就是崇拜的上帝，因而，多瑪斯哲學
有了極限，要補足這極限，或衝破這極限的，就是神學，就是超
理知的啟示。多瑪斯的學術生命，因而亦從哲學跳到了神學，從
理知跳到了信仰。

　　關於哲學與神學的劃分，多瑪斯極力設法在「理知」和「啟
示」二概念上努力；結果發現人性除了「理知」之外，尚有「意
志」，而後者正可以使人立志，不但接受理知所瞭解的事物，而且
亦可以使自己接受「非理性的」或「超理性的」，甚至「反理知」
的事物。這種超理性的領域，就是「信仰」的領域。多瑪斯在這
裏，屬於「理性」派，以為哲學的界限是理知的極限，超理知以
及啟示的真理屬神學和信仰的行為。

　　在辯神學中，在證明神存在之後，就是神的本質和特性的問
題：很顯然的，就在五路證明中，整個的結論都在顯示出神的性
質：祂是第一原動不動者，祂是第一因，祂是必然的存在自身，
祂是真善美自體，祂是宇宙掌管者；在知識上祂是全知者，在能
力上祂是全能者；總之，在各種形容詞的積極意義中，祂是極比
級的「最」：在整個宇宙之中，以及在宇宙之上，祂是「存在本身」。

　　一切從祂而來，一切還要回到祂那裏去。

四、人性論

　　在重疊的價值的宇宙體系中，在有神論的觀點下看人性時，
很顯然的，「人性」是「神性」的分受。世界只分受了神的存在，

而人不但分受了神的存在，而且還分受了祂的理知和智慧。也因此，人性就憑天生來的能力，就可用「類比」的方法，以理知透過對世界的觀察，而推論出神的存在，以及祂的本質和特性。

「人性」上有屬於「上帝肖像」的靈魂，下有屬於塵世的肉體；由靈和肉結合的人性因此就能頂天立地，使自己生存在塵世中，卻不屬於此世，而能超脫各種束縛，而走向神性的境界。

宇宙存在共有四階層：物質、生命、意識、精神。從生命的層次開始，有生魂，掌管「生」的現象，如樹木，可以適應環境；意識層次開始在生命之內加上感覺，有覺魂，不但會生長，還會感受，會使自身選擇生存的環境；精神層面則在意識之內更加上了理知，不但會適應環境以及選擇環境，而且還能創造環境，因為其有靈魂，會生長，會感覺，還會思考。

多瑪斯的人性論就因為是靈肉的結合，故在知識的探求中既重理知，亦重經驗，既重感性，亦重理性；靈肉的結合是整體的，因而人性亦是整體的，因而知識的獲得亦應該兼顧到「感官」和「思想」。

因為靈魂是神性的分享，是超物質的，不可分的，因而不死不滅，在肉體故去之後，仍然有個歸宿；因而，宗教上的死後問題，就補足了多瑪斯的學說；因為人性生來就追求真善美，因而歸宿也就成了永恆的幸福，才是人性的完成。

五、倫理學

因為人性的最終歸宿是靈魂的進入永恆幸福，對這終極的目的是否有先決的條件呢？多瑪斯於是亦為人生在此世設計了倫理規範，以人性來自上帝，將來仍歸於上帝為前程，而設法解決「當

作何事」的問題。

多瑪斯重精神生活，而在精神生活中特別偏重理知，因而以為度一種「理性生活」是人生的必經之途，也是唯一可使人善度此生的指針。理性生活在於「目的」的選擇以及「價值」的定立。倫理哲學的目的就是使人在塵世生活中，所接觸到的一切不完美，而超度到真善美的境界；人性對自己行為的價值就是在選擇做或不做，做這或做那時，有一個標準，選擇那價值高的，擯棄那價值低的。理知的優先就在這裏可以看得出來。原來，一個人必須先認識某物，才會設法去追求某物，唯有在理知認識事物後，意志才使人去追求；理性應當是清晰明瞭的，而負責認知，負責價值批判；意志則是盲目的，只負追求的職責。

理知導引意志，是多瑪斯倫理學的前提。

「人是政治的動物」，亞里斯多德這樣主張，多瑪斯亦有同感。因而一個人不但要用「修身」的方法，獨善其身，而且應該善度人際關係的社會生活，而兼善天下。多瑪斯所注重的政治體系，其目的是在給予人類今生和此世的幸福；國家的責任也就在於發展並保全百姓的幸福條件。他的國家制度不是理想型的，而是透過歷史的事實，以君主、貴族、滲雜著民主的政體，而且極力衛護私有財產制度。

由於人性有靈肉二部份，因而當國家的責任為給予人民幸福的今生生活，而教會則從「彼岸來的信息」引導人走向來世；因而，國家與教會宜互相合作：萬一國家制度與宗教信仰有衝突時，人民就有放棄今生而選擇來世的自由和責任。

結　論

　　多瑪斯的哲學因為是集中世的大成，而且在教會諸學者中，著作最有體系，思想分析最入微，同時也指出了一條由哲學走向神學的康莊大道，因而頗受基督宗教的重視，至今仍為教會哲學的主流思想。其後起的多瑪斯學派，或新士林學派，多以多瑪斯的思想體系研究哲學。

　　多瑪斯哲學偉大處，就在於他能從根本的知識論開始，經形上學，再從形而上的雲層中下來，回到倫理道德的實踐境界。和希臘早期諸子一般，他討論了宇宙問題，同時在宇宙中安置了人生；在人生問題中，包含了前世、今生和來世。他能用哲學的思考，衝破時間，走向永恆；衝破空間，走向無限。

第七講 近代哲學總論

緒 論

　　西方自從文藝復興時起，歐洲各國民族意識開始覺醒；首先是針對官方語文問題，作了一種大幅度的改革。羅馬帝國自初世紀開始，就一直發展著拉丁文為官方文字，及至統一了歐洲，就把這拉丁文定為「國語」。文藝復興運動，固然在內容上是「復古」與「創新」，復古是想越過外族希伯來輸入的基督教信仰，而回歸到希臘時期的「人本」精神；創新是各種科技的進步；但是，在形式上，在傳遞文化的工具上，則以民族意識作為出發點；就在十六世紀初，首有德國馬丁路德用德文翻譯《聖經》，繼有歌德用德文寫詩；英國有莎士比亞用英文寫他的文學作品；西班牙也出現了方言的《唐吉訶德傳》；甚至在意大利本身，也有但丁出來，用意大利文寫了《神曲》。

　　西方由於語言的分裂（因為沒有狹義的文字，其文字只是語音的符號），形成文化上的永久割裂。加上自十三世紀以來「分工」的學術工作，各種哲學派系於是應運而生；再加上科技發展的新里程，就造成了西方人開始對傳統的生活方式，起了反感，而盡

量設法用「更新」的方法，求得人生安身立命之道。

　　從亞里斯多德就已提出的，學術走向「物理」層次的路，由於工具的發明，於是得到了發展的機會。近代哲學一開始，就受了科學主義的信念所影響，以為單用「知物」的層面知識，就足以代替「知人」和「知天」。

　　「知物」為中心的心態，直接影響了英國經驗主義的誕生，其數理的方法運用又催生了歐陸理性主義的發展；理性主義和經驗主義在開始時都希望能透過「知物」的平面數理知識，來闡明宇宙和人生的意義。

　　可是，很不幸的，從培根的《新工具》導引出來的，只局限在數理層面，而忽視了人生更高層次的真實。當經驗主義以獨斷開始，結束在懷疑的池沼中；當理性主義以方法的懷疑開始，而終於又跌入獨斷之中時，幸好有康德出來，以人性的「道德」層次為中心，重新發揚人性於物理世界之中。及至後起的德國觀念論，更能把整體的宇宙和人生把握住，而發展了倫理道德之上的藝術世界，以及宗教境界。

第一章　近代哲學「史」的發展

近代哲學始自文藝復興和宗教改革，方法則用培根的《新工具》，以「分析」的「歸納法」為中心，以獲得具體可見的成果為目的；設法用思想的法則去界定存在的法則。

理性主義重思維，經驗主義重實驗；都在「理論」上打轉；康德出來，綜合了理性主義和經驗主義，在「理論」之上加上「實踐」，而以道德的實踐為中心，其後的德國觀念論，再把這「實踐」的體系擴大到藝術和宗教，而且把「實驗的理論」從人生哲學，領回到宇宙體系中，造成西方哲學發展的極峰。

近代哲學的發展，到德國觀念論的完成者黑格爾為止。

從中世的「神」中心，轉移到近代的「人」中心，最先觸及到的問題，便是人性；在中世宗教信仰的傳統中，人性可貴處在於靈魂，而靈魂是「上帝肖像」，因而結論出人與人之間是平等的，是自由的；平等是在上帝面前，自由是不犯罪。近代思潮由於設法擺脫信仰的束縛，在平等上走自然主義之路，以為「人人生而平等」，在自由上走自由主義之路，以為要爭取，要透過改革、革新，甚至流血的革命。哲學在近代的發展，也因此充滿了這種自由主義的氣息，以為「我要做什麼，就做什麼」才是真正的自由，而把希臘羅馬流傳下來的自由定義「我要做什麼，就偏不做什麼」，棄置不顧。因而，西方的人文發展，在近代的幾世紀中，沒有發展出「節制」的德行，而催生了「競爭」的心態，使希臘早期的奧林匹克精神，又死灰復燃。這也就造成日後的殖民和帝國主義

的為害世界人類的危機。

　　在純哲學的探討中，近代哲學史的發展可分成下列各期：理性主義以及經驗主義，二者同一時期，但用不同的角度，用不同的方法，去做「知識」的工作。康德單獨為一期。後來的德國觀念論是另一期。

　　今就依序簡介之：

第一節　理性主義 (Rationalism)

　　以巴黎大學為中心的人文思想，早在十三世紀初就特別著重思維、直觀，以之作為治學的方法；及至自然科學的「革命」，使數理的方法漸漸得勢，而為法哲笛卡兒 (René Descartes, 1596-1650) 所最先利用；笛氏以為：知識的可靠性，必須與數理的公式一樣的清晰明瞭；因而首先提出哲學上的原理原則：「清晰明瞭的觀念」(Idea clara et distincta)；「清晰」是物對自己本身而言，「明瞭」是與他物的關係而言。就如「鶴立雞群」就是既清晰又明瞭的觀念。鶴的本身就很顯眼，而與雞群相比則更顯眼了。笛卡兒因為相信數理法則，因而對一切已成學問或各種方法，在開始時都抱著存疑的態度；這存疑的對象最先所指向的，就是感官作用以及它的對象——感官世界。

　　理性主義相信直觀的思維法則，可是不相信思維的客體，因而笛卡兒提出了「方法懷疑」(dubitatio methodica)。在方法懷疑中，對一切都懷疑；但是，就在懷疑到思維主體本身的存在時，則發現一項事實，那就是：懷疑自己的存在，根本上就是肯定自己的存在；因為如果自己不存在的話，懷疑的主體不存在的話，

何來懷疑。因而，笛卡兒在懷疑的起步中，竟然找出了存在的可靠性與絕對性，因而他說出了「我思我存」(Cogito, ergo sum) 的原理，至以之作為「清晰明瞭」的最先收穫。

「思維我」的存在，可就不擔保「感官世界」的存在；精神的尋獲也不能證明找到了肉體；笛卡兒看清了這點，於是設法從「思維主體」(Res cogitans)（「心」的存在）走向「伸展性事物」(Res extensa)（「物」的存在）。可是，因為後者必須用感官去把握，而感官「有時」會欺騙我們。笛氏的知識探討因而觸了礁，無法再用「清晰明瞭」的觀念去把握感官世界。可幸，中世的傳統給笛氏帶來一條生路；他把一切錯誤推向萬惡之源的魔鬼，而以為「上帝」早就把惡魔打敗，因而不容許惡魔再以感官的虛幻來欺騙人類。「上帝」的觀念在笛氏心目中則是「最清晰、最明瞭」的 (Idea clarissima et distinctissima)。如此，以「極」清晰，「極」明瞭的觀念來支持感官世界的存在，當無問題。笛氏也就以為如此統一了主客，並且指證了主客各別的存在。

這條從「知」走向「存在」，從「知識」走向「本體」的道路，使笛卡兒更進一步分析「存在」的層次，以為有實體、屬性、樣態的分野；吾人感官雖可抵達樣態和屬性的層次，但是，唯有理知才能把握實體。笛卡兒以為：「心」的實體就有「思維」的屬性，同時有「情感」的樣態；而「物」的實體則有「伸展性」的屬性，以及「運動」的樣態。

笛卡兒「心」、「物」二元的實體劃分，並不能從其「直觀」的知識論中獲得足夠的存在理由。於是有其弟子笛卡兒學派出，預設心物之隔離性，而這種隔離卻似兩只精巧無比的時鐘，都由上帝之偉大設計而造成，形成機緣說的興起；以為心與物之認識

變化之所以湊巧，都是由於上帝的創造設計；故心與物間雖無法溝通，但上帝已經為此事作了預先的安排，使心與物間之知識，不會有所差錯。

但是，這解釋卻為蘇比諾莎 (Beruch Spinoza, 1632-1677) 所否定。後者以為二元的解釋無法處理知識與本體的問題，而設法使二元復歸於單元；以笛卡兒實體、屬性、樣態的三分法，把「實體」本身化成不同的兩面，去消融心與物的二元，而心與物仍然在屬性和樣態上保全自身的完美和特性。如此，蘇比諾莎說出了：「神即實體即自然」之說 (Deus sive substantia sive natura)。因此，「實體」本身一分為二：神是「能產的自然」(Natura naturans)，而世界是「所產的自然」(Natura naturata)。能產自然取代了「心」的地位，而所產自然則取代了「物」的位置。

於是，神、心、物成了三位一體。

這種「合一」的思想，在蘇比諾莎的生活背景中，有非常清晰的起源。蘇氏為猶太人，在希伯來宗教情操中，希冀自身的「保存」，而逃避永恆的「失落」。而蘇氏在哲學的探討中，覺得理性主義對本體論的解釋，非常適宜於自身的宗教情操，於是，設法使自身的存在，結合於「神」的存在之中；有神的永恆性來支持，自己的存在如何會迷失？

但是，這種「合一」的寄望雖然能滿足宗教的情操，但在學理上未必成為合理；於是有萊不尼茲 (G. W. Leibniz, 1646-1716)出，綜合笛卡兒的二元與蘇比諾莎的單元，而創造出一種既屬多元又屬單元的一種學說：單子論。

單子論 (Monadologie) 以「中心單子」來取代笛卡兒學派的「上帝」，以各別的無數「單子」來形容世界萬象，以「單子無窗戶」

來解釋單子與單子之間的隔離，同時，以單子與中心單子間的永恆的，以及必然的連繫，作為宇宙整體性的一種體認。

於是，萊不尼茲集了理性主義之大成，從知識可能性的否定（單子無窗戶），與知識的肯定（單子與中心單子間的必然關係），建立了整體既多元又單元的宇宙。在這「和諧」的宇宙設計中，人性就以「和諧」的原理原則，在宇宙之中安身立命。

理性主義始自知識的懷疑，卻結束於本體的獨斷。「清晰明瞭」原理的發展，到萊不尼茲時，已經到了盡頭。「知」的層次遇到了「極限」。

第二節　經驗主義 (Empiricism)

在文藝復興期間，隨著歐陸理性主義而興起的，有英國經驗主義。此派學者跟隨培根 (Francis Bacon, 1561-1626) 的《新工具》的歸納法，相信感官世界存在的法則，以為人的感官是我們知識的唯一入門，而反對天生觀念。

首先有洛克 (John Locke, 1632-1704) 出來，作《人類悟性論》(*An Essay Concerning Human Understanding*)，追溯希臘哲人亞里斯多德的學說，主張人心如「白板」(Tabula rasa)，沒有天生觀念，一切知識都必須經由感官所傳遞而來，由感覺、記憶、反省，而後獲得知識。

可是，就在知識論的分析與歸納之中，到最後發現，感官只能達到物性（無論是物的初性或次性），而無法把握本體，本體的把握仍有賴於主體理知的作用。可是，在洛克的分析中，主客的接觸既非主體的實體出面，亦非客體的實體出面，主客雙方只不

過是派代表登場而已；因而，究竟所得的知識是否可靠，仍大有
問題。

這種知識的困難，當然又是二元宇宙劃分所致，於是有柏克
萊 (George Berkeley, 1685-1753) 出來，以認識論上的一種知識行
為「感受」來解釋知識和本體雙重的問題。以「存在即是被感受」
（或譯存在就是被知覺，Esse est percipi）來界定客體的存在，而
又以「存在即是感受」（或譯存在就是知覺，Esse est percipere）
說明主體的功能。於是，一切的感官存在，都不過是主體的主觀
感受。在本體論的存在層次之上去看時，所有有形世界只是精神
的附屬。當然，柏克萊也遭遇到難題，因為設若一切事物都只是
被感受，那在深山中的一枝百合花，既沒有人去知覺它，又如何
能存在呢？柏克萊於是把心靈的層次提升到「神」性領域，以全
能全知的上帝，來體認一切人類知性所達不到的事物。深山中的
百合花，雖然在人的知性之外，但總逃不過上帝全知的天羅地網。
於是，存在的基礎又落實到上帝身上，由上帝來支持一切的存在。

這是由經驗主義對感官知識的信任，漸漸轉移到對主觀思想
的興趣；而這種主觀思想竟然是客觀存在的基礎，這就導引了休
謨 (David Hume, 1711-1776) 的懷疑論。

經驗主義從洛克處，至少還有主體和客體的心物二元的獨立
存在，到柏克萊時，只剩下「心」的實體，「物」已成為「心」的
附庸；到了休謨，連主體的「心」也成為不真不實的東西。以為
知識只不過是一些游離的「印象」(Impressions)，既沒有「物」為
基礎，亦沒有「心」的實體支持。休謨從此懷疑並否定了傳統的
因果律，以為因果法則亦沒有落實到真實的存在層次，因而沒有
所謂「因此之故」(Propter hoc) 的關連，而只有「在此之後」(Post

hoc) 的時間先後。

因果原則的推翻，也就正式對一切的存在起了懷疑，不但感官世界不存在，就是心靈亦沒有獨立存在的地位；一切都不過是游離的「印象」而已。

經驗主義從洛克對感官作用的獨斷，發展到休謨對所有存在的懷疑，哲學的道路從此走不通；整體的人性在經驗主義的方法上，遇上了越不過去的障礙。

第三節　康德 (Immanuel Kant, 1724-1804)

在西方啟蒙運動時期出現的康德，看清了理性主義和經驗主義走向末路的理由，都是由於把「知識」的問題，用數理的方式，平面展開，因而也把人性的存在，看成平面的，能夠用思想的法則去把握的；而且，從「知識」走向「本體」的探討時，過於相信「知」的能力。

康德為了要解救當時的哲學危機，決定先回到主體上面，以自身對自己的體驗，作為知識的開端，於是寫下了三大批判，一方面指出經驗主義，以及理性主義所沒有完成的思維道路，另方面提出主體重疊的人生觀；以為人生除了感性之外，還有理性；而且在理性之「知」之上，還有「行」的因素。

於是，「道德哲學」補足了理性主義以及經驗主義的不足。這種「道德」的實踐，並不像羅馬時代的「有為」、「有目的」的實行，而是為了道德本身而行道德的實行。它同時亦不像中世「他力」的人生觀，而是一種創新的，內在於各人「內在」的道德理念。人之行善避惡，完全就是人性，也就因了人性的這種傾向，

而使人能超越自己的每一現狀，而不斷地超升，不斷地完美自身。

在《純理性批判》中，康德討論了「知」的問題，而對哲學的歷史加以批判。分成三方面著手，〈先驗感性論〉中，用時空形式，否定經驗主義的體系；在〈先驗分析論〉中，用「超越統覺」的整體性，用永恆和無限來否定理性主義的提案；在〈先驗辯證論〉中，用「二律背反」的邏輯探討，來否定理性的無限能力。因此，在純理性的檢討下，提出了實踐理性的補救方法。

在《實踐理性批判》中，康德提出了「行」的因素；若說前面「純理性」以事實為依據，則「實踐理性」以理想為指歸；以為人的結構是立體重疊的，從感官到理性，從理性到心靈。在這種重疊的存在層次中，人性自知有許多事物「不可知」，但是卻「可求」；「事實上」沒有，但是可「希望」它有。這就是有名的道德「公準」（Postulat 或稱「要求」）。這「公準」是每個人先天帶來的，是人性的要求，這要求有三：自由、神、靈魂不死。

這些要求是嚴格的，是形式的，是無條件的，是獨立的，不依靠其它論證而能獨自存在的。

在《判斷力批判》中，康德提出了「知」和「行」合一的提案，希望在藝術境界中，去培養一種生命情調。在「知」和「行」合一的探討中，康德發現「人」的本身就是「物自體」和「現象」的混合，是自由與命定的綜合。人在藝術情調中，有對「美」的追求，以及對「卓越」的嚮往，用「我中意」、「我舒適」的表出作為在人性高層的境界中，用目的的選擇作為人的整體性的支持。

如此，康德到達這種哲學境界時，已不再否定任何的學說，而是把經驗主義，以及理性主義的各種長處集合起來，加上自己發明的「道德」層次，去貫穿人生，去貫穿宇宙。

第四節　德國觀念論 (Deutscher Idealismus)

康德的道德學說，把「知」的層次，提升到「行」的層面之上，而開始接觸到「感」的高峰。德國隨著康德的學說而興起的，是德國觀念論。

理性主義和經驗主義把主體和客體都看成「靜」止不動的，康德出來，賦予主體一種「動」的能力，以其自身的「道德命令」來支持超越的動，但仍然讓客體停留在「靜」止的狀態。德國觀念論就要把事物的整體，都看成「動」的，都看成立體重疊的。

德國觀念論有三位大師，最先有費希特 (J. G. Fichte, 1762-1814) 出來，決意走康德未走完之路。以為康德讓「人」與「物自體」對立，因而說明「知」識論的極限，再進而提出「行」的重要性和必然性；費希特把「人」也放入「物自體」內，以為這二而一的主體「意識」，就可創造一切。這「意識」的自我是自動自發的，不是「靜」止的存在，而是「動」態的實行；這種「動」就構成了思想與存在的「正、反、合」辯證。在「正」的自我意識中，發現了「我是我」的真理，可是，緊接著「我」之後，馬上就發現世上還有許多事物不是我，而是「非我」，這就是「反」的產生。可是，若往深一層去想，如何產生這「非我」呢？難道不是由於「我」的自我意識嗎？於是，這「非我」的來由仍然是在「我」處；這第二出現的「我」很顯然的，就與前面的「正」不同，因為經過反省之後，而成為「合」。

費希特這種「正、反、合」的公式，使他相信「實行先於存在」。可是，在他後期思想中，由於領導了民族意識運動，而覺得

還是先讓「存在」在先，而「實行」在後。

　　謝林 (F. W. J. Schelling, 1775-1854) 出來，把費希特的動態宇宙，從思想的層次帶領到存在的層面；從自然哲學開始，界定了主客對立的關係；然後上升到超越哲學的理論、實踐、藝術層次；再超越到達同一哲學「合」的境界，而終結於宗教哲學中。

　　德國觀念論發展到謝林時，已經把傳統哲學的立體架構重新恢復，至黑格爾 (G. W. F. Hegel, 1770-1831) 時，又一次地集精神價值之大成。

　　黑格爾雄心極大，企圖用自己的心靈把握整個宇宙及人生的歷史發展，而在這歷史發展過程中，以精神的臨在作為「活」的宇宙的見證。黑氏上溯費希特的正、反、合理論，開創了辯證法，用以說明宇宙整體中，「自然」、「思想」、「精神」是可以構成三位一體的。而在自然中充滿思想和精神；而精神的存在本身固然是絕對的，但同時亦是內存於一切之中，而使宇宙萬物因了精神的臨在，而漸漸超度自己，變成絕對領域中的成員，最後消融在絕對精神之中。一切生成變化都受到正、反、合辯證的法則所包容；世物自邏輯的存在法則開始，即已與潛在的精神拉上了關係；復又在自然哲學中，把一切質與量，都放入精神的設計之中；最後在精神哲學中，再把一切主客對立和矛盾，統一在絕對精神裏。

　　絕對精神所表現的，首先是藝術的美，然後是宗教的聖，以及倫理的善，最後是哲學的真。在真、善、美、聖的綜合內，產生出哲學的完美狀態。德國觀念論發展到黑格爾時，已經到了極峰，一切都成了和諧的整體，一切都在「絕對精神」的庇護下向著完美發展，由物質而精神，由缺陷而完美，由矛盾而統一。事物開始時固有正、反，但到最後仍然歸結到「合」。

第二章　內涵意義

近代哲學所討論的問題，開始時以「知識論」的姿態出現，終結於宇宙人生之大統一，而其間經過的歷程，則是「實體之爭」與人性的存在階層的劃分，以及人性之超度方法。

現就以「知識」問題、「實體」問題、「宇宙和人生」問題三者分別探討近代哲學的內涵。

第一節　知識問題

近代哲學繼承了中世十三世紀初的學術傳統，發展了「理性主義」以及「經驗主義」兩派哲學體系：前者著重「理知」的直觀，以之作為哲學思考的原則；而後者主張「感官」的經驗，以之作為知識的起源。

「知」的問題在近代的發展，原是直接由中世的「信」所擺脫出來的東西。針對超理知的「信」，笛卡兒提出了「懷疑」，作為「知」的最根本方法；針對超經驗的「信」，洛克提出了「感官作用」，才是「知」的入門。中世的「信」面對著「啟示」毫不保留地奉獻出自身的一切，而近代的「知」，則靠理知的推論以及靠感官的經驗。無論理性主義由懷疑到獨斷，或是經驗主義由獨斷到懷疑，都在強調人性的認知「能力」，直到康德出來，才由「物自體」的批判，指出了人性認知能力的極限；而以為感官的經驗，以及理智的直觀，都無法獲知事物的真象；要真正把握住事物，

還是要主體本身的提升自己，從「知」的層面超度自身到「行」的層次，而用倫理的道德命令，作為主體獲得客體之最可靠方法。

這種提示，到了德國觀念論時，乾脆覺得主客不應分離，而以「本體」的合一，來超度知識之二元。如此，本來始於自然科學的各別的「知」，近代哲學把它推展到整體的「知」，以及神秘的「知」之中。把宇宙看成不可分的整體之後，主客的劃分，主客的對立，都成了不必要的過程。

以本體論來解釋知識論的難題，是西方近代哲學的一大貢獻。

第二節　實體問題

中世有「共相之爭」，近代有「實體之爭」，所爭論的，都是「知識」問題，都先由知識出發，後來卻在不知不覺之中，走進到「本體論」裏去；所提出來的問題是：思想的主體，或是思想的對象，究竟是否真實地存在？人性感官所接觸到的，是否就是存在的本體？

主客對立的預設，假定了心物二元的存在，有「心」的實體，同時也有「物」的實體；此二種實體各有不同的屬性和樣態；可是，在知識論的探討過程中，這種心物二元，不但在理性主義中，得不到正確而滿意的答案，就在經驗主義中，也沒有把問題解決；甚至，康德的理性和物自體之間，仍然有條鴻溝，知識無法渡越，非要等到德國觀念論出來，以主客合一的設計，才在宇宙的大原則下，貫通融合了二元對立的局面。

理性主義和經驗主義在開始時，都預設了心物二元的劃分，到了雙方的第二代，都設法使客體歸於主體，而成為主觀控制一

切的提案。到了第三代時，則不同了，理性主義再次發展出多元的宇宙以及多元的主體，而經驗主義則懷疑著實體的存在，企圖以「印象」的游離，來代替實體的存在。

西方近代哲學的發展，到最後，實體的探究結束在黑格爾的「絕對精神」之中，大有希臘哲學大師亞里斯多德的「思想就是思想自己本身」的深度，而把一切回歸到主客未分時的境界。這境界既是思想的根源，同時又是存在的根源；其靜態是「實體」，其動態是「思想」。

第三節　宇宙和人生問題

近代哲學設法從「知識論」開始，走向「本體論」；因而，其知識的目的，在開始時，是在認識宇宙；而在認識宇宙之中，把人生安置在宇宙內。

理性主義和經驗主義都在設法以數理的平面，來衡量宇宙，到康德始把主體從感官以及理知階層，提升到道德階層上面，其後再設法指出，道德之上更有藝術領域，德國觀念論更進一步，把客觀世界也和主觀世界一般，看成無數的重疊層次，從「絕對精神」一直貫穿到感官世界；人性因而也可以從醜惡的世界，透過對真、善、美、聖的追求，而超脫自身，走向絕對精神的領域，分受上界的諸種光榮。

因而，人性在近代思想發展中，固然始於悟性和知性，但是，最主要的，還是人性本身的超越能力，它能夠超乎自己，用道德實踐使自己從「真」的世界，攀上「善」的階梯，而漸漸進入藝術、宗教的「美」和「聖」的地步。

　　人生的哲學思考，最重要的，是如何發現宇宙存在的法則，然後再在與宇宙融合中，依著順序，修成人性；在宇宙的大統一中，回到物我不分，回到主客不分的境界。

　　宇宙與人生於是合一了，都在「完美自身」的道途上前進。

結　論

　　近代哲學借自然科學發展的背景，開始用新的方法研究宇宙和人生的問題。而在方法論中，完全相信人的「能力」，開始時以為純自然科學方法，不但可研究宇宙，同時亦可以界定人生；但是，在「知」的嘗試失敗後，所幸仍能痛定思痛，發揮了人性「行」的道德理念，而終於把擯棄了的倫理、藝術、宗教，重新拾回，仍然使人性在天和地之間，在知和行之間，使自己超越自己，成為頂天立地之人。

　　「人本」思想的設計和運用，固然能在開始時，發揮得轟轟烈烈，但是，這「人本」不是靜止的，「人性」亦不是靜止的，它要完美自身，它要為自己設計，為自己的未來設計，以知和行，甚至以感和信，把本性超度到「至善」的境界。在這境界中，塵世的以及俗世的人性早已脫胎換骨，而變成「超人」。這「超人」可以是倫理上的「善人」，可以是宗教上的「聖人」；不過，他一定不再是「凡人」，不再是受著真假對錯、是非善惡等對立所束縛的「此世之人」；而是能夠看穿一切，看破一切，而進入「道通為一」的直觀，而感受到「天地與我並生，萬物與我為一」的境界的「至人」。

第八講　康　德

　　康德原名 Immanuel Kant，西方近代道德哲學家，曾被尼采諷刺為「科尼士堡的偉大中國人」。康氏統一並超乎了理性主義與經驗主義，並開導了德國觀念論，實為西洋近代哲學中心人物。

第一章　康德的生平與著作

第一節　生　平

　　一七二四年生於德國科尼士堡 (Königsberg) 一新教家庭，雖然日後康德漸漸脫離教會，但幼時的虔誠信仰對其學術仍有極大影響。一七四○年入大學，一七五五年始通過博士學位考試，但亦同時通過講師資格。此後康德開始執教鞭，但是大學講師以及做家庭教師所得，僅足以餬口。至一七七○年，年屆四十五，始升任教授，生活問題始獲得解決。

　　康德終身未出遠門，一生困守科尼士堡；其學問的獲得，全靠他勤於閱讀，以及精於思考。

　　於一七八一年出版了《純理性批判》之後，學術名氣遠播。至一七九三年，歐洲已有二百種刊物討論他的哲學，他的用語亦可在理髮店內聽到。康德成了風雲人物，康德哲學成了風尚。

　　康德死於一八○四年，享壽八十歲。

第二節　著　作

　　康德著作大體上分成兩期，而以一七七○年被聘為教授時，作為分期界線。

　　⑴批判前期：問題的重心安置在「神存在」的論證上，以不

同的角度去探討從知識論走向形上學的通路。此期主要的有六部
作品：

《自然通史與天文學說》(*Allgemeine Naturgeschichte und
　　Theorie des Himmels*, 1755)

《形上知識之第一原理新釋》(*Neue Beleuchtung der ersten
　　Prinzipien der Metaphysischen Erkenntnis*, 1755)

《物理單子論》(*Physische Monadologie*, 1756)

《神存在證明之唯一可能基礎》(*Der einzig Mögliche
　　Beweisgrund zu einer Demonstration des Daseins
　　Gottes*, 1763)

《美感與高尚感之觀察》(*Beobachtung über das Gefühl des
　　Schönen und Erhabenen*, 1764)

《一位巫師之夢》(*Träume eines Geistersehers, erläutert
　　durch Träume der Metaphysik*, 1766)

　⑵批判期：志在檢討以往哲學在知識論上的偏失，而提出「道
德」的「行」，去「實踐」知識中「知」。此時期最有名的是三批
判：

《純理性批判》(*Kritik der reinen Vernunft*, 1781)

《實踐理性批判》(*Kritik der praktischen Vernunft*, 1788)

《判斷力批判》(*Kritik de Urteils-Kraft*, 1790)

此外尚有六部著作：

《未來形上學導言》(*Prolegomena zu einer jeden kunftigen
　　Metaphysik*, 1783)

《道德形上學基礎》(*Grundlegung zur Metaphysik der Sitten*,
　　1785)

《純理性領域內之宗教》(*Religion inerhalb der Grenzen der blossen Vernunft*, 1793)

《論永久和平》(*Vom ewigen Frieden*, 1795)

《道德形上學》(*Metaphysik der Sitten*, 1797)

《實踐觀之人類學》 (*Anthropologie in pragmatischer Hinsicht*, 1798)

第三節　著作導讀

　　康德哲學主要的是在主客對立的傳統知識論中，以主體的「更上一層樓」的方式，先拯救主體對感官之信賴（經驗主義），以及主體對理性之崇拜（理性主義），而使主體本身從「知」的束縛，走向「行」的道德層次；甚至再從「行」超升到「感」的主體整體的體認。因而，閱讀康德作品，不宜於一開始就進入他的「批判」之中，尤其不宜先讀那部嚴謹的《純理性批判》。為東方對倫理道德本已有相當基礎的人，不妨先讀他的《道德形上學基礎》，好能理解康德從「知」跳到「行」的思想重心和跳躍的理由，然後再讀他的《道德形上學》，窺探他對人性倫理道德的看法；接著就必須讀他的《未來形上學導言》以及《實踐觀之人類學》，以全面的客觀態度，觀察康德對「人性」的期待。

　　有了這種客觀的條件認識之後，就可直接進入他的批判哲學領域；用非常的耐力和嚴謹的思辨，去讀他的三批判，順序從《純理性批判》起，在哲學整個發展史中，認清康德對過去哲學的看法，以及對傳統的不信任。時間允許的話，還可以讀他早期的作品《自然通史與天文學說》、《物理單子論》，以明瞭康德對感性世

界所採取的立場；甚至亦可繼續讀他的《形上知識之第一原理新釋》，以及《神存在證明之唯一可能基礎》，藉以瞭解他對傳統哲學從知識論走向形上學道途的批判。

從《純理性批判》評判了傳統學說之後，就是康德建構他自己的「道德哲學」時期。我們既已有了他從「知」到「行」的思想基礎，因而亦就可直接讀他的《實踐理性批判》，探討他的道德理想在整個學說系統中的地位。

隨著「道德哲學」而來的，是在「知」和「行」之後的「感」，這是一種人生境界，就是康德的《判斷力批判》中所探討的主題。在「感」的境界內，不得不提及人生的歸宿，無論在現世的各種精神享受，《美感與高尚感之觀察》，或者是對來世之寄望，《純理性領域內之宗教》以及「論永久和平」，都在指出人性的高峰，可藉著道德的實踐而抵達。

依上面順序讀康德著作，不但可完全把握康德思想的體系，而且亦可以康德為中心，往前往後去把握西洋的過去與未來；過去宗教哲學中所忽略的「人性」積極部份，可由實踐理性補足，未來哲學中缺少的倫理道德，康德哲學亦可作為指針，警世救人，尤其拯救「科學哲學」的偏差。

第二章　康德的學說

　　康德哲學的背景是理性主義和經驗主義都走向末路時，先由孟德遜 (Moses Mendelsohn, 1729-1786) 提出，理性不足以解決哲學問題時，可由「實踐」和「追求」去補足；而且，休謨的哲學提示，否定純客觀的存在價值，也著實「警醒了康德的迷夢」；理性主義之走向獨斷，經驗主義之墜入懷疑，還有當時學術的「中立主義」(Indifferentismus)，都促使康德在哲學園地中，設法另謀出路。

　　他的哲學問題，在一七九三年五月四日致友人書信中清楚地提出：

　　　　一、我能知道什麼？
　　　　二、我能做什麼？
　　　　三、我可以希望什麼？
　　　　四、人是什麼？

　　這些問題的提出，不但概括了康德哲學的全部，同時也顯示了他哲學的研究方向。「我能知道什麼？」是劃定知識的極限，直接詢及人的「智能」問題；「我能做什麼？」是超乎了知識的層次，而進入到倫理道德的範圍；「我可以希望什麼？」指出人在超乎自身的「知」和「行」的極限，而進入一種宗教的層面，進入非經驗的一種境界；而「人」在這境界中，完成自己的人性；如此，

「人是什麼？」的問題，就得到了全面的解答，而亦就是「超乎」感性和知性，而進入「先驗」和「超越」的境地。「人」就是要超乎自己的存在，而在這種超越中，倫理道德實在就是中心課題。

在提出這些問題之後，康德就提出解決的方案，用思辨的方法寫了他的三批判；並且，在批判的前後（如在著作導讀中所示），闡明了整個思想體系的方向和內容。

談到「批判」，當然就把重心放在批判的主體──理性之上；這批判的主體也就是認識的主體；對認識主體的詢問就是「認識的能力」以及「認識的極限」；關於這問題，康德寫了《純理性批判》。

可是，理性不但有認識的能力，在康德看來，它還有實行的作用，「知」的不足，可由「行」來補充；康德寫下了他的《實踐理性批判》，來探討這問題。

再進一步，「知」與「行」仍然是由一個不可分的主體所產生，這主體最主要的，是自身「存在」的提升，是自身存在的「完成」，康德寫下了他的《判斷力批判》；並且，隨著這「判斷力」而來的，就是他對人生歸宿的看法。

現就依序探討康德學說的三部曲：

一、純理性批判

《純理性批判》的主題是「知」，問及「如何認知？」的問題。康德在開始時，用平面展開的探討方式，一方面利用了經驗主義對感官探討的成果，以為知識都來自「後天」，亦就是說，知識內容的獲得，都是後天的；但是，康德在這裏的問題，不是問及「知道什麼」，而是問及「能知道什麼」，因而，知識論在康德哲學中，

不是以「內容」為中心，而是以「形式」為中心，問及「如何知道」的課題。

因為是「形式」，也就不是感官經驗所能抵達的，而唯有透過理知的辯證，透過理知先驗的天生形式，才能把握住各種存在的法則。

因而，《純理性批判》也就成了知識論上對歷史傳統的批判。康德將之分成三部份，針對過去知識論各種學說的偏差，提出補救的方法。

第一部份是〈先驗感性論〉(Transzendentale Aesthetik)，討論感性之先天形式的可能性；在消極上就否定了經驗主義在後天知識上的設定，尤其否定了經驗主義的直觀分析法，把主體和客體的對立，看成完全平面的東西。

在這裏，康德提出「時間」和「空間」的形式，以之作為一切感官世界存在的依據。時間是內在的，空間是外在的，一切的感官經驗都出現在時空中，只要我們的理性把握住時空的形式，就可把握住整個感官世界。當然，這裏所謂的時空形式，毋寧說是「永恆」和「無限」；時間中的過去、現在、未來，與空間中的上、下、左、右、前、後，都被時間的永恆性，以及空間的無限性所把握。這麼一來，人性只要站在永恆之中去看時間，只要站在無限之中去看空間，就能把握住時空中諸事物。

但是，依照這種作法所得出來的知識，只是停留在形式的層面，而未涉及內容；也就是說，我們在感官經驗中，雖然把握了時空，但是，仍然只停留在「現象」界，而無法觸及「物自體」；因為，時空不是真實的東西，而只是觀念的存在。

而經驗主義無法把握時空的形式，要把握時空，需要理知的

分析。

　　於是，康德進入第二部份的〈先驗分析論〉(Transzendentale Analytik)。

　　先驗分析論主要的是要以「永恆」和「無限」的不可知，否定理性主義的學說。因為經驗主義無法得知時空形式，因而最多亦不過把握了「現象」，而絕對無法抵達「物自體」內部；因而康德進一步提議，回到悟性，希望在理性之中尋求認識的思想形式。但是，同樣的在理性能力探討中，傳統的抽象以及歸類能力，最多也不過是把握了人性的綜合能力，而在「分量」、「性質」、「關係」、「狀態」的四分之下，用十二種不同的判斷，去把握十二種範疇才是真的思想形式。但是，這形式的獲得卻並不靠單純的先驗分析，而是由整體人性的形式綜合作用，即是「先驗統覺」(Transzendentale Apperzeption)。

　　先驗統覺就能提升感官經驗，而變成抽象的概念，去形容範疇。範疇才是從形式走向內容的根本通路。

　　於是，時空中的範疇就成了思想最根本的元素；而由於範疇與時空都成了主體思維的客體和對象，因而都仍然停留在「我思」之中，是「我思」的內容。

　　從「我思」走向所思，因而亦把知識帶向本體境界，是康德哲學在開始時，不能忽略的主題之一。現在的問題是，從這個主觀的「我思」，如何建構一客觀的知識和本體？亦即是說，如何能建構成一先驗的本體界以及知識作用？

　　康德哲學中，尤其在《純理性批判》中，最有貢獻的一點就在這裏，他要把「觀念」變成「存在」，如柏拉圖一般，以為理念的，就是真實的。因而，一切在「先驗統覺」所綜合的，都同時

是理念的，也是真實的。「思想才是存在」的說法，在這裏又多了一項註腳。這註腳說明了康德在理性探討中的信念。

《純理性批判》的第三部份是〈先驗辯證論〉(Transzendentale Dialektik)；在這部份中，康德再次反省前二部份的成果，以為由理性通過時空以及範疇的先天形式，所得到的並不是內容，而只是內心的形式，並沒有從「我思」走向「所思」的境地。亦就是說，不但感官作用，就連理知作用也只不過抵達了「現象」，而沒有把握住「物自體」。

在〈先驗辯證論〉中，康德要提出的極限，指出在時空中知識的「二律背反」(Antinomien)，亦即是說，理性在探討知識形式的極限時，都會走向自相矛盾的死路。康德提出了傳統哲學中，用理性所推論出來的三大概念：靈魂、世界、神；但是，康德卻以為，這三大概念的探討，都會使我們陷入「二律背反」之中。

首先說靈魂，它是人類思言行為現象的綜合，康德以為它只是一個總名，是綜合各種理性現象的「共名」而已；而共名通常只存在理念界，而沒有現實世界作為對應的；因而，站在內容本體的探討上看來，我們根本無法知道靈魂是什麼。

同樣，關於世界的問題，因為它存在於時空之中，我們首先要問的是，它是有始或是無始？它是由簡單的部份構成？它是必然存在的？這些問題在康德看來，都可有兩種對立相反的答案，說世界有始，或認定世界無始，都同樣可提出理由，亦都可以同樣提出反對的理由。

至於神的問題，首先便是神存在與否的論證，康德舉出傳統中目的論證、宇宙論證、本體論證；但是，到後來康德總是把它們的可靠性排除，而指出論證之不合理以及無法理解。康德在這

方面所用的方法是：把本體論證歸類到宇宙論證中；再把宇宙論證向目的論證延伸，而最後證明目的論證的不合理；因為目的論證的依據在原則上是因果關係，而在因果關係中，用了柏拉圖的方式，以為宇宙之良好次序，應有一至善的神來設計及引導；但是，如果宇宙間善的體系，可證明出至善的神，那麼，人世間的罪惡和不公，不也會提出反證？

至此，《純理性批判》所探討的問題，已經用盡了所有的思想方法，其目的只在於否定理性的能力，以為純理性根本到達不了物自體，即是結論出：物自體不可知。

但是，依照孟德遜的提示，不可知的事物，有時是可追求的，即是說，純理性抵達不到的，實踐理性就有抵達的可能；知的極限可由行的實踐來補足。這就是使康德從純理性的批判，走向了實踐理性批判。

二、實踐理性批判

《實踐理性批判》的課題是「行」，是在探討感官和理性對知識的無能為力之後，所導引出來的補救之途。康德的全面設計，以平面展開的方式否定了經驗主義以及理性主義的方法之後，現在要用立體架構的方式去處理「知識」可能性的問題。

原來，就在《純理性批判》中，康德追隨經驗主義的分析法，把客體分成「物自體」和「現象」二部份，而以為知性只能把握現象，而無法抵達物自體。這種想法，當然就已經隱含了客體方面的立體架構。現在，面對著立體的客體，主體的提升就成了必然的嘗試。

主體本身的提升，當然就不止是單純的感官、理性、心靈的

層次方面，而是整體的人的「知」走向另一層次的「行」。

「行」是心靈的先驗追求，亦是人性超越自身的公準。在康德來說，外界的「物自體」既不可知，也不可理解，那麼，只好回歸內心，反求諸己；在自己的內心中尋找生命的原則。康德在這裏，要提出「追求」的事實，以及「追求」的內容。

追求的事實表現在知識層次的頂端，是心靈的意向，幾乎運用了柏拉圖「愛」的概念，與亞里斯多德的「內在目的性」。這種「追求」的天性說明了「現實我」與「理想我」的差距，可是同時都指出了它們之間發展的可能性；一個人認為自己的未來設計，意識到自己的責任，意識到自己的自由，意識到自己的道德。

追求的內容，康德提出了三點：一為自由，一為神的存在，一為靈魂不死。唯有在道德層次中肯定這三點，人性才能夠完成自己——也唯有完成自身後，才算把握到了「物自體」。

「自由」的肯定是「責任」和「倫理道德」的先決條件；一個人沒有自由，就根本談不上其社會性，更無法實踐賞罰制度。因為有了「做或不做」以及「做這做那」的自由，才使一個人超乎感性層面，而走進道德層次之中。

「神」之存在是「正義」的保證，因為人間世「福」與「德」不一致，作惡的人在享福，而行善的人仍然往往受苦。上帝是公義的神，祂應當出來，作最終的判決；這樣，因了人性心靈的需要，宇宙間總得有一位公正的最後判官，是全能的，能夠認清善惡；而且又是全善的，會賞善罰惡。

若是人有了自由，對自己的行為要負責；而又有神作為判官，會賞善罰惡；但是，人若一死，什麼都過去了，還是無法解答人生的問題。因此，康德提出第三個公準，也就是「靈魂不死」，人

應當在永恆的存在中，對自己的行為負責。

因此，在《實踐理性批判》中，倫理道德的公準，最基層的，就是人性靈魂的不死不滅，從靈魂的永恆性歸結到神的存在，再從神的存在討論人的自由意志。

這「公準」是天生的，就在於吾人的良知呼聲中，是天生的「道德命令」；這道德命令使人從「存在」(sein) 超度到「應該」(sollen) 的階層；然後，在這理想的層次中，再去探討「知」的問題時，發現自己已經是「更上一層樓」的「人」，已經不再斤斤計較外界事物的現象，而所追求的，已是自身的完美，超乎了真假對錯，而進入是非善惡的分辨中。

這種道德哲學的基準，康德還特別指出了它四種特性：形式主義、嚴格主義、先天主義、獨立性。

形式主義 (Formalismus) 的意思是，良知只給予形式：「行善避惡！」至於內容，何者為善，何者為惡的問題則不直接涉及。形式主義指出：自己是自己的立法者；理知以為善的，行之就是善；理知以為惡的，做了就是惡。

嚴格主義 (Rigorismus) 的意義是：道德命令是絕對的，絲毫沒有商討的餘地；沒有條件，沒有例外；永恆，不變；因而命令直接導引出責任。

先天主義 (Apriorismus) 指出道德命令不來自經驗，而是與生俱來的，和人性不可分的。

獨立性 (Autonomie) 指出道德命令來自自己本性，不受外來因素影響；因此，由命令而來的責任也唯有當事人才能解答，才能盡好，沒有第三者可以取代。這獨立性到最後所展示的，就是主體的「絕對我」的發現，以及「為善而行善」的原理原則。

「為善而行善」的「絕對我」所預設的公準，就是前面的意志自由、靈魂不死、神存在三件事。

三、判斷力批判

在「知」和「行」的主體問題提升到獨立性之後，隨著問題就是主體的完成。《判斷力批判》的主題也就在於發現「人」本身就是「現象」和「物自體」的綜合，而統一這的「人」的綜合，也正好用他的「知」、「行」、「感」來針對外界的「自然」、「道德」、「藝術」。《純理性批判》處理了「知」對「自然」的認識問題，《實踐理性批判》則處理了「行」對「道德」的把握，而《判斷力批判》則在於設法探討「感」對「藝術」境界的體認。

對「感」的體認，康德提出了超辯證的理論，以為人性天生來就能從現實超度到理想境界；而這最高的境界不但純理性不可知，就連實踐理性亦不可求，而只能用感受的方式去表出。

康德提出了人性兩種天生的判斷力：美與目的。

美的判斷力 (Aesthetische Urteilskraft) 是針對藝術的純形式而發的。對美的純形式又可分為「美」與「卓越」；前者解說「我中意」，是無條件的，無實用的動機滲雜在裏面，是完全主觀的東西；後者指出人性嚮往的一種狀態，譬如看見一個人很有風度，而心嚮往之，希望自己亦有這種風度。

目的的判斷力 (Teleologische Urteilskraft) 是針對自由意識而發的；分整體與觀念二方面，前者指出人性生來就會自己選擇目的，為自己的未來設計；他不但看見自己的存在目的性，而且還可以透視到整體宇宙像個有機體，向著統一的目標發展。後者指出這目的性的選擇不在於內容，而在於形式，這形式是觀念，直

指本質；因而也就是物自體的體認。

結　論

康德哲學在用於「人性」的天生道德意識，來衡量自身以及宇宙的存在。這種「行」中有「知」的哲學探討，在西洋整個哲學發展史看來，是一大發明。昔日羅馬時代亦曾經有過倫理學的探討，而且曾經有了某一程度的成果，但是，當時的「行」固然有宇宙論學說作為基礎，但仍不免缺少知識論的支持。羅馬的「行」的哲學，與其說是哲學，毋寧說是宗教。康德在西方近代哲學中，首先用知識的批判，在知識論上給人性的倫理道德奠定一個基礎，然後以「人性」的「獨立性」以及「不假外求」的預設，建立了道德哲學體系。而在這獨立性之中，暫時把西方宗教「假外求」的學說，存而不論；卻在個人內心的良知上，刻畫出「人性向上」的原則。

究竟這「人性向上」的預設，會帶領人性走向傳統宗教中的神性？抑是應當用「超人」的名字冠之？則是日後康德學派中爭論的主題之一。

和柏拉圖一般，康德固然強調先驗世界的真實性，但卻絲毫不忽略現世的一切：他的批判，他的藝術學說，他的宗教觀點，在在都使他在「成己成人」的事工上努力。

康德是西方道德哲學家，究竟他的道德學說是否受了萊不尼茲很大的影響，而後者則必然受了儒家「行」的哲學所薰陶，則是今後研究康德的學者們應該注意的事。翻開康德的「十二範疇表」，再去對一對萊不尼茲講解《易經》的原理，如何以「主觀」

的「能知」去把握「客體」的「所知」，十二判斷總類以及十二範疇，尤其在分量、性質、關係、狀態四分的架構上，是否即為我國八卦的翻版？每種範疇都在四分之中，各各再分為三，無論站在那一角度去看，都與《易經》之卦相似。

　　而本屬本體論的《周易》導引了「行」的哲學，康德的範疇本來屬於知識論的，竟也導引了「行」的學說。這也許就說明中國哲學的「行」由形而上作基礎。而西方哲學的「行」則奠基在知識論上。

　　要研究西洋哲學，康德是承先啟後的哲學家，學者不可忽視；針對中國哲學的探討（如何建立一有體系之知識論），康德哲學更是一種指針，因為他不是從形上學去建構他的道德哲學，而是以知識論的批判，走向了「行」的層次。

　　隨著康德而來的，除了德國觀念論外，尚有許多新康德學派的誕生，有毀有譽；所相同的，就是探討人性「知」和「行」的問題，以及二者之間的關係。

第九講　黑格爾

　　黑格爾是西洋集大成之哲學家，黑氏將西方二千多年來的哲學統一在他的辯證法之中；黑氏同時把西方唯心論推至極峰，使整個宇宙都向著「絕對精神」發展和進步。

第一章　黑格爾的生平與著作

第一節　生　平

　　黑格爾全名 Georg Wilhelm Friedrich Hegel，一七七〇年生於德國司徒嘉 (Stuttgart) 城。一七八八年中學畢業後，進入杜賓根 (Tübingen) 大學修道院就讀；當時同學中，尚有名詩人賀德齡 (Friedrich Hölderlin, 1770-1843) 與德國觀念論哲學大師謝林 (F. W. J. Schelling, 1775-1854)。大學畢業後，於一七九三年到瑞士做家庭教師；四年後回佛蘭克福 (Frankfurt)。一八〇〇年到耶拿 (Jena) 大學執教；時值謝林繼費希特教席，接掌耶拿大學哲學系，開始建構德國觀念論體系，尤其在自然哲學以及形上學二方面，特有成就。黑氏進入耶拿後，於一八〇一年提出博士論文，並獲特優等通過。論文題為《論行星軌道》(De Orbitis Planetarum)。此時漸露頭角；又與謝林同辦《哲學評論雜誌》(Kritisches Journal der Philosophie)。後經拿破崙侵德之戰，而隱居包翁堡 (Baumberg)，並為《一日報》做社長。此時出版《精神現象學》，為後來德國觀念論極重要的作品。一八〇八年之後去寧堡 (Nürnberg) 做中學校長，其間出版了代表作《邏輯學》，終為海德堡 (Heidelberg) 大學聘為教授，時為一八一六年；二年後，應柏林大學之聘，聲名至盛，直至一八三一年死時，已成為整個德國學術界的偶像。後來，黑氏著作終於被德國文化部

（Kulturministerium，相當於我國教育部）定為哲學必修課程。

第二節　著　作

黑格爾著作很多，最通常的有兩種分類法：一種是依時間的先後分類，另一種是依作品內容的分類：

依時間先後的分類是：

(1)一八〇〇年以前的作品：多屬神學作品，著名的有：

《耶穌傳》(*Das Leben Jesu*, 1795)

《基督宗教之積極面》(*Die Positivität der christlichen Religion*, 1796)

《基督主義之精神及其命運》(*Der Geist des Christentums und sein Schicksal*, 1799)

(2)自一八〇一年至一八三一年：即從黑氏得到哲學博士學位開始，一直到死時，所出版的作品。此期是豐收期，整個哲學體系都在此時期建立。但在開始時仍然未脫離神學的範圍。此期主要作品如下：

《費希特與謝林哲學體系之差異》(*Differenz des Fichteschen und Schellingschen Systems der Philosophie*, 1801)

《信與知》(*Glauben und Wissen*, 1802)

《自然律之科學探討》(*Über die Wissenschaftlichen Behandlungsarten des Naturrechts*, 1802-1803)

《精神現象學》(*Phänomenolgie des Geistes*, 1807)，此書開始黑氏體系之建立，由「意識」的探討開始，經「自

　　　　我意識」到「精神」的肯定；在「精神」的深度中，
　　　　又尋出「理性」、「精神」超度至「宗教」，至「絕對知
　　　　識」。唯心體系終於圓滿達成。

《邏輯學》(*Wissenschaft der Logik*, 1812-1816) 是黑氏代表
　　　　作。全書分三大部份：第一、二部份探討「客觀邏輯」，
　　　　先從「存有」開始，以質和量的根本形式，走向事物
　　　　的「本質」；再以本質與現象的對立，發展出「概念」；
　　　　於是進入第三部份，探討「主觀邏輯」，亦即「概念論」，
　　　　透過對「自然」的觀察和體認，而逐步走向「絕對精
　　　　神」。黑氏在此代表作中，完全利用了「正、反、合」
　　　　的辯證形式。

《哲 學 百 科 全 書》 (*Encyklopädie der philosophischen
　　　　Wissenschaft*, 1817) 集邏輯、自然哲學、精神哲學之
　　　　大成。

《哲學大綱百科全書》 (*Encyklopädie der philosophischen
　　　　Wissenschaften in Grundrisse*, 1817)

《自然律與政論大綱》 (*Naturrecht und Staatswissenschaft
　　　　in Grundrisse*, 1821)

⑶一八三一年之後：即黑氏死後，由其弟子整理出版者有：

《宗教哲學講義》 (*Vorlesung über die Philosophie der
　　　　Religion*, 1832)

《法律哲學概論》 (*Grundlinien der Philosophie des Rechts*,
　　　　1833)，此書乃《自然律與政論大綱》之再版。

《哲 學 史 講 義》 (*Vorlesung über die Geschichte der
　　　　Philosophie*, 1833-1836)

《美學講義》(*Vorlesung über die Aesthetik*, 1835-1838)

《歷史哲學講義》 (*Vorlesung über die Philosophie der Geschichte*, 1837)

第三節　著作導讀

面對著黑格爾這許多作品，有早期的宗教著作，有中期及後期的政治哲學作品，以及體系龐大的哲學大著；對一個初學哲學的人，真是無所適從，不知道應該先讀那一本。

因為黑格爾生長在西方文化體系中，而且早年讀神學，故其作品的先後，無法給東方作為先後閱讀的次序指南。讀黑氏作品，最好先有一點西方神學的基礎，如若一點神學基礎都沒有的話，要懂透黑氏思想，恐怕就要成為不可能的事。

因為黑格爾的哲學體系是從神學走向哲學，因而其思想重心也就在於 Onto-theo-logie「本體神學」或稱「存有神學」；黑氏意思是把「存有」、「神」、「邏輯」看成三位一體。

由於「存有」、「神」、「邏輯」的三位一體的學說體系，入門者最好先讀黑氏《信與知》（一八○二）；然後進而讀他的《自然律與政論大綱》，以明瞭黑氏對自然以及具體人生的看法。

有了「信」與「知」以及具體看法的自然律及政論之後，就進而讀黑氏的代表作《邏輯學》，窺探黑氏思想之全貌。

在閱讀《邏輯學》的同時，或緊接著之後，不妨翻閱其《哲學大綱百科全書》以及《哲學百科全書》。

在明瞭黑氏整體思想大綱之後，就可進而針對每一部份學說，加以深入研究探討：

　　首先必讀的是《精神現象學》，此書能說明黑氏對物質與精神二元的看法，同時可以改正時下所誤認的「絕對精神」的極端。

　　此後就在「史」的發展中，看黑氏對「發展」和「進步」概念的看法，而讀他的《歷史哲學講義》以及《哲學史講義》。

　　再後就是哲學出路的「美學」和「宗教」的《美學講義》以及《宗教哲學講義》。

　　最後，再回歸到黑氏信仰的神學著作，去讀他的《耶穌傳》等，藉以瞭解黑氏的心靈生活。

第二章　黑格爾的學說

黑格爾哲學的目的，一方面想走完康德未走完的哲學道路，設法指出「物自體」本身既是「存有」，同時又是「思想」。這種說法顯然地又走向古希臘伊利亞學派所主張的「思想和存有一致性」。

要在「思想」和「存有」之間畫上一個等號，最重要的，當然要找出二者之間的相同處，以及相通處；這是積極方面。在消極上，要把二者所不同的地方存而不論。就依照這條線索，黑氏用了他年輕時的神學知識，在中世哲學高峰上，採取了〈約翰福音〉首章的意義，以「道成肉身」的奧秘，把天人之間的關係加以解說，以為上帝與世界之關係，本是「對立」的，上帝是創造者，而世界是受造物，在本體上就有不同的存在層次；但是，當「人」以上帝的肖像以及肉體出現之時，天地之間就由「人」作中保；但是，就在天人之間的關係中，由於人類的原罪，而使上帝之子「降凡」，因而「道」成了天人之媒介。

在黑格爾看來，《聖經》中的這些「對立」和「和諧」，正如費希特所提出的思想法則中的「正、反、合」辯證。後者以「自我意識」開始，以為整體存有在沒有「意識」存在之前，都是混沌的，都成為渾然一體的東西。但是這種渾然一體的東西本身就是一種「肯定」，當這肯定受到某一存在物的「自我意識」，而取代了「自我肯定」之位置後，就自行退隱；這「自我意識」以及「自我肯定」就是辯證中的「正」，是「自我」存在的保證。但是，

若這個有了意識的「自我」發現「自我的肯定」，同時就是對其它「不是自我」的否定；亦就是說，誰肯定「我」，同時也就無形中肯定了「非我」。「我」與「非我」本來在原始的渾然一體的存在中，根本沒有區分；如今，如何會劃分出「我」與「非我」呢？還不是由於這個「自我」的意識和自覺！由於「我」的自覺，而使自我脫離渾沌，而變成一種肯定；這麼一來，「我」與「非我」最重要的，還是存留在觀念中，存留在「我」之中。這個「我」同時是「正」（相對於「非我」來說），同時又是「合」（把「我」與「非我」的起源拿出來研究的話）。

黑格爾把這種正、反、合的辯證法，用到對各種學問上去；以為無論那一種命題的設立，都是「正」（Thesis）；但是，若問為什麼要設命題呢？還不是說反方面的意見亦可能被提出？因而，命題的提出，事實上又說明「正」之對立，即是「反」（Anti-thesis）。可是，這「反」本身也就是一種命題，它要去反「正」命題；但同樣地，「正」命題也在「反」它，於是成了「反反命題」，亦即是「否定之否定」（Negation der Negation）。黑格爾思想的西洋淵源，很清晰地，以為雙重否定就等於肯定；否定了「否定」之後，就是肯定；「反」了「反命題」之後，就是正。但是這「正」已不再是開始時的「正」（Thesis），而是經過了「反」（Anti-thesis）之後的「合」（Synthesis）。

這「合」的地位是一種存在的境界，同時又是思想的境界；在這境界中，所有的「對立」或「矛盾」都被超越和超度，而且超度至「整體」，超度至「絕對」之中。這整體和絕對即是事物之完美地步，黑氏稱之為「旁己」（An sich）。但是這「旁己」本身就是一種肯定，這肯定多少含有一點自私的成份，因而有了違反

整體和絕對的原義，於是又有「為己」(für sich)。「旁己」是正，則「為己」是反；正和反又將在思想法則中出現「合」，也就是「本然」(An-und-für-sich)，集「旁己」及「為己」之大成。

這「本然」本身又是一種肯定，這肯定引導出那些不屬於「本然」的存在，即「他存」(Anderssein)；「本然」是正，「他存」是反，二者合起來就是「合」，而到達「存己」(Bei-sich-sein)。黑氏以為，「本然」是思想，「他存」是自然，「存己」則是精神。

黑格爾哲學體系，就是要把「思想」、「自然」、「精神」鑄造成一個體系；這體系是活動的，從下到上循環回歸式的，不是直線進行的「正」、「反」、「合」。

有了這種方法的體認之後，我們就可著手進入黑氏體系之中。今就依序講解其思路。

一、論理學

黑氏稱之為「邏輯的學問」(Wissenschaft der Logik) 或是「論觀念之學」(Lehre von der Ideen)。

黑格爾思想之出發點，依〈約翰福音〉第一章，以及先蘇格拉底期諸子的方法，詢及「宇宙太初」和「思想太初」的情形。黑氏以為「太初」無論在「存有」方面，或是在「思想」方面，都是「旁己」(An sich)，意即雖然有了存在，雖然有了思想，但是仍然是渾沌的、抽象的，尚沒有具體化的情形。

論理學分成兩大部份去研究：客觀邏輯與主觀邏輯：前者又分為存有論與本質論。

⑴存有論 (Lehre vom Sein)：黑氏以為，所有的「存有」根本是「質」，這「質」才是存有之所以為存有的理由和基礎，因而在

辯證法則中是「正」；可是「質」可能只是觀念上的東西，尚未具體化的東西，要真正的存在，就必須有「量」的加入，於是相對於抽象的「質」來說，具體的「量」就成了「反」；可是若深一層去想，「量」的存在並不是獨立的，它也不可能獨立；它的存在純粹是為了「質」，這麼一來，這「反」其實又回到「正」之中；可是，這後面的「正」就已不再是原先的「質」，而是加上了「量」的「質」；這在辯證法中，就是「合」。

在另一方面，「質」本身的「存有」特性，如果看成「正」，則「質」的否定就必然是「存有」的對立，也就是「無」，而在「有」和「無」之間原有一條通路，那就是「成」，生成變化或者是生滅現象，就是「合」；因為它確實能夠從「有」變「無」，也可以從「無」生「有」。

每一種「成」都表示「存有」已經具體化，而從「存有」走向「存在」。而只要有了具體的「存在」，馬上就呈現出「有限性」和「無限性」；若把「有限性」當作是具體事物的正常狀態，則在辯證法中稱之為「正」，這「正」的肯定，也就是「無限性」的否定，於是「無限性」成為思維法則中的「反」。這「正」和「反」的綜合工作，就是有思想的個別存在的「為己」(Für-sich-sein)。

這「為己」的個別存在，可以是「一」，也可以是「多」，「一」與「多」在思維法則中成了「正」和「反」，但總綜合在「量」之中。

從「質」發展到「量」，一方面是事物從抽象的「存有」，走向了具體的「存在」；另一方面則是從質的「正」演變出量的「反」。

可是，這「量」相對於「質」來說是「反」，而其本身的「旁己」則亦是「正」。

　　這當作「正」的「量」需要「延續」作為具體存在的保證，於是有「延續」作為「反」；而正和反的結合則產生了「限制」，而成為「量」的具體化。具體的「量」不可能是一個，而應是散漫的，因而需要統一的「總和」；散漫的具體的量為事物的真實面，是「正」，而「總和」則是一種理想，是「反」。然而，這正和反都可由更高一層的「數」表現出來。這「數」就是「合」。

　　「數」本身雖然是「合」，但其統一性之中卻有著「等級」之分，有多寡之別。於是「等級」成了「數」的正面；至於「數」的反面則是否定「數」的有限性，即是「無限」。等級為「正」，無限則是「反」，需要由「質量」去統「合」。

　　當然，對「質」和「量」來說，「質量」是「合」，但是這種「合」卻也是事物的具體化；具體化的東西無論如何都是特殊的，這特殊的東西必須由更根本的「實質」來支持，於是造成了「本質」問題的綜合研究。這研究就引導著「存在」的體驗，走向「本質」的討論。

　　⑵本質論 (Lehre vom Wesen)：一提本質，就使人想起與本質相對的現象，黑氏以「本質」為正，因為它才是事物的真象；而以「現象」為反。由這正和反得出來的「合」則是事物的「真象」。

　　但是，在本質本身，又出現另一系列的辯證，「本質」的根本是「本質性」，這「本質性」的對立是「表象」，可是，正因為有「本質性」和「表象」，才真正造成事物的「基礎」；由這基礎出發，而形成具體的「存在」。

　　這「存在」也就是「顯象」與「本質」的「合」，但其本身還是靠二者之間的「關係」而形成；這「關係」才是使事物變成「真象」。

這種從「本質」和「現象」所綜合的「真象」本身，又成了辯證中的「正」，而其反面則是超乎真象的「絕對」；二者之合，就成了「絕對真象」。這「絕對真象」就是「概念」，就是超乎了真假對錯的思想最根本元素。

由此，黑格爾就進入「概念論」，也即被稱為的「主觀邏輯」。

二、概念論 (Lehre vom Begriff)

黑氏觀念論的開始，與亞里斯多德的邏輯相仿，以「概念」為最基本的因素。可是，概念在根本上是「主觀的」，是主體意識內的東西；而宇宙的真實面，除了主觀的東西之外，尚有「客觀的」東西與之對立。如此，若以「主觀性」為「正」，則在辯證法中，「客觀性」就是「反」；而最後必須由主客統一的「觀念」來統「合」。

就在「主觀性」單獨來討論時，在整個的傳統三段論法中，「概念」為最基本，也最先的單元，可視之為「正」；而「判斷」則是把概念的獨立性破除，而把零星的概念，甚至將概念與概念之間的關係，用「分」或「合」的方式，重新組合；因而可視為「概念」的「反」。可是，若深思下去，為何在一個人的主觀內，要分合概念，還是由於主體想透過判斷得出結論，因而「結論」的出現，事實上就是「概念」與「判斷」的「合」。

同樣，在「客觀性」的地方，無論站在那一種研究自然科學的方法，都可看出「機械」的特性，一切客觀存在都有機械的必然；可是這種物理的機械的必然，又成了對自然「正」的觀察；自然亦有其「反」面，那就是所有生命現象所呈現的「化學」變化；機械式的變化，只是物理變化，只是「量」的變化；而生命

現象所表現的，則是「質」變，則屬化學變化的範疇。

　　集合物理的以及化學的變化法則，尤其在生命體中所觀察出來的事情，就可歸結出「目的」的結論。「目的」是綜合了所有物理變化以及化學變化的「合」。

　　更在「觀念」的大結「合」中，呈現出「生命」的活躍現象，它不再是「死」的，不再是純機械的，它的結論總是向著「生命」的高度發展；「生命」層次再往上升，就是「意識」的層次，「意識」的整體存在法則都「超乎」了「生命」現象。因而，把「生命」看成「正」，則「認識」就成了「反」。這種正反的交互作用，到最後就演成「存在」與「思想」的大綜「合」，就是「絕對觀念」。

　　從「質」與「量」的探討，透過無數的「正、反、合」辯證法，終至結論出「絕對觀念」。

三、自然哲學 (Natur-philosophie)

　　黑格爾站在思想的立場，先解答了理念的課題，從對事物的概念開始，發展到絕對觀念。在另一方面，他又要走出主觀，而設法討論外在世界。黑氏稱外在世界為「他存」(Anderssein)，意即觀念之外的，與觀念不一樣的存在。

　　如果我們用笛卡兒的術語來說，黑氏的「觀念」好比「心」，好比「思維」，而其「自然」則似「物」，似「廣表性事物」。如果把「觀念」作為「正」，則在辯證法中，「他存」就是「反」；而能統一這正和反的「合」就是「精神」。

　　這種以「精神」作為統一的原動力的想法，意即承認「精神」的永恆性和絕對性；而這永恆和絕對的「精神」曾經因了本身的動力，而走出自己，進入觀念的階層；然後再從觀念降凡到自然

界。最重要的是，精神在自然界中，竟能超度自然，帶進觀念界，然後再將之偕同觀念，引進到精神自身之內。

　　如此，黑格爾哲學所要提出來的自然哲學，最主要的仍然不是對「自然」的認識，而是對自然的「把握」，對自然的「提升」，而這超升的目標是精神界，而且是進入到「絕對精神」的高峰。

　　在「自然哲學」中，黑氏仍用其全能的「正、反、合」辯證法，以「質」和「量」的二元，當作是對立的存在，而後來質和量的合併，當作是「合」。

　　屬於「量」的，總擁有機械物質，都可以是無意識的存在，都是屬於精神世界中「自己以外」的存在 (Ausser-sich-sein)。這就說明物與物之間的關係，是沒有意識的，是沒有交往的，只是純客觀的東西。它們相互之間要發生關係的話，就必須經由意識的啟發，透過概念及觀念，而最後引進精神境界的，才能成為存在以及思想系列中的真實。這麼一來，時空中所發生的一切方位運動，一切重力原理，甚至物理變化，都屬於「量」的課題。

　　「量」固然重要，它不可能是「零」，因為如果量的數字是零，則再好的「質」亦沒有用。但是，「質」仍然比「量」重要，因為「質」才使一種東西變為有價值；因此，「質」是「量」的基礎，「量」是「質」的條件。

　　可是，質與量縱使都到了高峰，若沒有生命的臨在，仍然是死物，因而「生命」的目的性，才是真正支持事物存在的最終理由。「生命體」就包含了質和量在內，可是並非質和量的相加或總和，而是「大於各部份的總和」，這生命體最起碼的層次，就是植物，也稱「有機體」。這「有機體」可以由植物開始，經過動物，最後到人，都是有機體，亦都一步步地超乎有機體。

黑格爾對自然的解釋，都是為了精神，以精神的發展和進步
為目的；因此，就在生物的層面中，黑氏以為，生命體的現象是
新陳代謝，新陳代謝就是消滅自己原有的一部份，好接受別的、
新的東西。物質自己消滅自己一部份，好讓精神來工作，讓精神
來超度。

四、精神哲學 (Philosophie des Geistes)

它是討論「在己」(Bei-sich-sein) 之學。在最終的抉擇中，黑
氏以為精神的表現，最根本就是「觀念」，這觀念由於非物質性，
它的否定就成了物質的「自然」。「觀念」與「自然」的對立是正
和反；可是「自然」的再否定，就又回到「觀念」之中，這後面
的觀念，因為經過「自然」的否定，是經過雙重否定之後產生的，
因而是「精神」。

「精神」的本來面目既是「正」，因為它總是「主觀的」；但
是「客觀精神」的出現和強調，就成了「反」。要統一這主觀精神
和客觀精神的，唯有「絕對精神」。

在「主觀精神」中，有「旁己」，是為「正」，有「為己」，是
為「反」；然後就是「旁己」與「為己」的「自己」，是為「合」。
「旁己」是靈魂，但是靈魂在存在的範疇中，是「體」，尚有「用」
的產生；故是討論理論的「人類學」。「為己」則是「意識」，是靈
魂開始發揮其「用」的明證，亦即開始討論具體的人生：法律、
倫理、道德，都是討論的範疇。到了「合」的「自己」，則顯然進
入精神的境界，是靈魂「體」、「用」皆到達最高峰的時候，此時
人性已經進入到「藝術」和「宗教」的層次；到最後，在黑氏看
來，歸結在「哲學」之中，成為「用一切去衡量一切」的學問總

匯。

在「旁己」中，最原始的是「自然」，從自然演進到生命，而進而為「感覺」；這「自然」與「感覺」之對立消融在「靈魂」的真實中。

在「為己」中，相對於自然的就是「感性」，這原始的感性漸漸地發展到「知覺」；至於再進一步就是超越「感性」和「知覺」的「悟性」。「感性」是正，「知覺」是「反」，則「悟性」是「合」。

可是，當這本身是「合」的「悟性」，一旦獨立存在起來，自身又變成為「正」的，「意識」又會以「反」的立場與之對立。這種對立，唯有「精神」可以消解；因而，「精神」的合，才到達了一個段落。

然而，就在這「自己」的「精神」中，也無法脫離正、反、合的發展法則；至少是，先有正的「理論」，後有反的「實踐」；而「自由精神」就是統一這理論與實踐的動力。

「理論」本身，又充滿著辯證；因為精神的「直觀」是正，而「表象」是反；而「思想」就可以把直觀和表象連結起來。

「精神」表現出來的最低層次是「感性」，但亦有「衝動」與之對立，唯有「幸福」才能止息感性和衝動。

說到「客觀精神」，雖相對於「主觀精神」時是「反」，但其本身仍是「正」的地位，在辯證法中，「存在」是最原始的，但這原始的存在，則需要「倫理」的覺醒，「存在」與「倫理」發展成「道德規範」；但是，「道德」可以是「家族」的，或是「城市」的，而其「合」的更高一層，則是「國家」。

再進一步，「絕對精神」所表現的，是感性直觀所直接接觸的「美」，是「藝術」；但這「美」卻被另外一種宗教的神「聖」所

涵蓋；到後來，唯有「哲學」出來，用一切去衡量一切的方法，引導藝術和宗教，走向「絕對」的階層。

在「宗教」的意見中，黑氏完全站在西方人的立場，以啟示宗教，尤其羅馬為中心的制度宗教為最高，而其它自然宗教，則成為過渡時期的東西。

黑格爾哲學，主要的就是要兌現西洋早期的哲學定義：「用一切去衡量一切」；因而，他亦把「哲學」當作是高於一切的學問總匯，因而說明其為「知識的知識」、「藝術的藝術」、「宗教的宗教」(Scientia scientiarum; ars artium; religio religionum)。

我試用一圖表，刻畫出黑氏思想大綱：

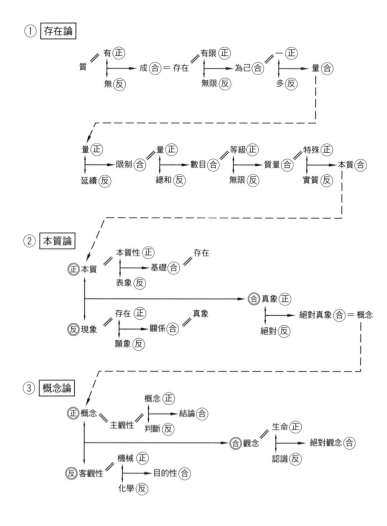

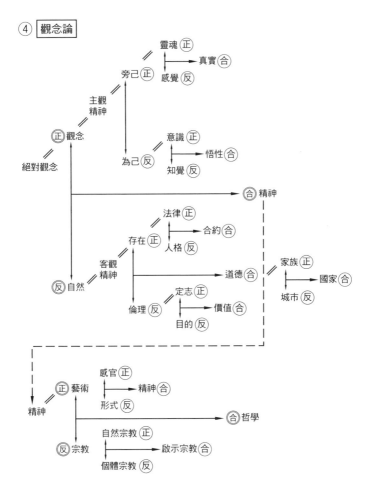

④ 觀念論

靈魂 正
旁己 正
感覺 反 → 真實 合

主觀
精神

正 觀念

意識 正
為己 反
知覺 反 → 悟性 合

絕對觀念

合 精神

法律 正
存在 正
人格 反 → 合約 合

客觀
精神

家族 正
道德 合
城市 反 → 國家 合

反 自然

定志 正
倫理 反
目的 反 → 價值 合

精神

感官 正
正 藝術
形式 反 → 精神 合

合 哲學

自然宗教 正
反 宗教
個體宗教 反 → 啟示宗教 合

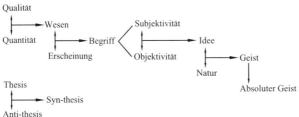

Qualität
Quantität → Wesen
Erscheinung → Begriff

Subjektivität
Objektivität → Idee

Natur → Geist

Absoluter Geist

Thesis
Anti-thesis → Syn-thesis

第十講　現代哲學總論

緒　論

　　西洋現代哲學始自一八三一年，即德國觀念論者黑格爾死的那一年開始，直到今天。

　　西洋哲學在這一百多年中的發展，有好有壞，有可喜的現象，也有可悲的命運。因為就在這一百多年中，自然科學有驚人的、長足的進步，但是，人類的精神生活卻趕不上物質文明；甚至，人類理性用來造福社會的力量，很可能趕不上用來為害人類和世界的事實。固然，黑格爾死後，德國文化部（相當於教育部）明令各學校要用黑氏學說為教本，而引起許多學者的反對；再則，必修科目的規定，往好一面去看，政府的大仁大智，固可導引百姓走向幸福正確之途；但若往壞的一面去看，則成為下列現象：懂得黑格爾哲學的人，教黑氏哲學；不懂得黑氏哲學的人，也在教黑氏哲學；喜歡黑氏的人講黑氏思想；不喜歡黑氏的人，也在講黑氏思想。於是，黑格爾哲學果真四分五裂，解說紛紜；一方面固然有「觀念論」的繼續發揮，但亦催生了反唯心的「唯物論」，並由之而產生共產主義；這是在德語區的思想情形。

　　在另一方面，在哲學圈子中沉默了好一會兒的英語體系，以及法語體系，也開始重振旗鼓，捲土重來；在法國興起了「實證主義」；在英國出現了「功利主義」，並且發明了「進化論」，輔助了「唯物論」以及「實證主義」；在美國也產生了「實用主義」以及後來的「工具主義」。這些新興的學說，都曾在十九世紀後半期七十年間，影響了西洋哲學思想；一直到二十世紀初年，才有一些先知先覺之士起來，集合了傳統和現代，觀察了精神和物質，重新計畫著人性的價值和尊嚴。

　　可是，世界上一切科技落後的國家，由於迷於物質生活的需要和享受，至今仍墮在西洋十九世紀後半期的思想桎梏中；中國的現狀就是一例。

　　目前，好好地研究西洋當代思想，以「西方的沒落」和「西方的興起」的事實，作為「西化」或「洋化」的借鏡，畢竟還是必須的，而且在學術上也有價值的。

　　因為，西洋的二十世紀的「覺醒」，尤其是德語區以及法語區，都沒有接受其十九世紀後半期的末流思想，而能在「唯物論」以及「共產主義」體系中，重新估價人性的尊嚴；同時亦能夠在「實證主義」的潮流中，發掘生命的奧秘與精神的崇高。甚至，就在英語體系中，「實用主義」和「功利主義」也不能定於一尊，而有許多大哲出來，把哲學超度到形而上的地位，把人性超度到神性的領域。現就分段討論現代哲學的種種：

第一章　現代哲學「史」的發展

　　黑格爾死後，德國哲學呈分裂狀態。德國哲學的分裂，也就領導著西方其它國家思想的分裂和對立。繼黑格爾的「絕對觀念論」而興起的，一方面是反對黑氏的「左黨」，另一方面有衛護黑氏學說的「右黨」。「左黨」諸子在一開始的時候，就攻擊黑氏的宗教信仰，開始批判西方基督宗教的傳統，而把終極概念的「至善」揚棄之後，接著就提出「鬥爭」性質的「唯物論」和「共產主義」。「右黨」則繼續以發揚「仁愛」為職志，配合著基督宗教的信仰，以「新士林哲學」以及「新康德學派」的宗教和倫理，來衛護世道人心。就在這種混亂中，眾說紛紜，分裂的時間有三十年之久。

　　一八六〇年之後，各派體系才漸漸建立，而從分裂走向了對立；而這些對立，除了德國的「唯物」和「新康德學派」的對立之外，還有法國的「實證主義」，以科學的方法反對神學的，以及哲學的方法和內容；英國的「功利主義」以「相對」的價值理論反對傳統的絕對；美國的「實用主義」亦在懷疑傳統的宗教和倫理價值。

　　四十年的對立，由於人們對科技的信賴，以及對生活舒適的嚮往，終於壓低了「精神」價值的宗教、藝術、倫理，而把科學以及技術推上了神壇，作為人性崇拜的對象。

　　科技的發展，沒有精神生活去配合，於是產生了西洋白種人有史以來最黑暗最沒落的文化階段，這種黑暗和沒落的明證，就

在於人與人之間、國與國之間、民族與民族之間的「爭奪」，人性在戰爭中，遭到殘酷的否定。在這段期間中，白種人相互之間的爭奪還算客氣，但對待其它有色人種的歧視、侵略、奴役、殖民，配合了各種新型武器，成為史無前例的人類浩劫。

二十世紀以還，雖然在哲學上有許多先知先覺之士出來，還人類以精神的價值和尊嚴，但是，軍備與戰爭仍然隨時在準備著摧毀人類和世界。

二十世紀時代，西洋出了三位先知，而且都是在一八五九年誕生，分由三種不同的語言地區，給西洋的思想帶來了新生：德國誕生了足以對抗唯物論的現象學大師胡塞爾；法國出生了使實證主義離開法語區的生命哲學家柏格森；美國亦有杜威的出生，杜氏在相對的精神價值的實用主義和功利主義的陰影中，設法樹立倫理的以及宗教的旗幟。配合著西方傳統的基督宗教的仁愛理想，尤其是在二次世界大戰的慘痛經驗之後，人性漸漸自覺，而自覺的推動，則亦有賴於西方二十世紀影響極大的「存在哲學」。

當然，由於西洋十九世紀後半期的那些唯物、實證、實用、功利而導引出的「自然主義」，其對人性的浩劫，全部暴露在二次大戰中，西方因為嘗到了戰爭的苦果，痛定思痛，就藉著現象學和生命哲學，毅然決然地擯棄自然主義的種種謬說，企圖以人性的尊嚴，來領導科技的進步；但是，世界上畢竟還有一塊未被二次大戰波及的土地，其百姓在當代來說，是生來的暴發戶，對哲學的各種派系未能作明智的抉擇，像西方已揚棄的實證和實用，像奧國已丟棄的維也納學派，仍然能夠大行其道，而且，更不幸的，還藉著「富庶」的招牌，給其它落後而又想在科技中急起直追的國家，輸入屬於自然主義的哲學思想，像行為主義，像邏輯

實證論，都在否定人性的價值和尊嚴，都在否定倫理和宗教的層次，甚至在別人的優良傳統中，傳播「代溝」的思想，而在與自然主義的關係中，則高喊「認同」。許多沒有根深的文化的國家，或者自己本身因狂妄而丟棄了固有傳統的民族，一個個相繼地陷入以「鬥爭」為主義的共黨手中。

人性的自覺以及民族的自覺，都是現代哲學最根本的課題，除了能夠擺脫西洋十九世紀後半期的自然主義思想，否則人類不知道還要流多少眼淚，以及忍受多少集中營的生活。

第一節　十九世紀後半期哲學

從上所述，西洋十九世紀後半期的思想，多屬「自然主義」哲學，雖然當時有新康德學派以及教會中的士林哲學仍是逆流中的中流砥柱，但是，仍然無法阻止邪說的橫行。

就在黑格爾死後的三十年分裂與四十年對立中，哲學的慧命幾乎全斷送在「科學主義」的手裏。這種自然主義的科學主義，本來的意義是在幫助人類征服自然，是解決民生的問題，開始時並沒有絲毫越界而否定人性的精神價值的意圖，但是，久而久之，因了對傳統倫理以及宗教的不滿，尤其對黑格爾的定於一尊起了反感，因而從各種語言系統中，幾乎同時發展出「科學哲學」的口號。

現就分別來探討此期的思想進程：

一、德國的唯物論

西洋當代思想沿襲德國觀念論，最先有反對黑格爾的「左黨」

出現。這「左黨」人士，最先反對黑氏學說的「根」，即傳統的基督宗教信仰以及啟示的神學；他們大都藉研究神學之名，而行反宗教之實。這些左黨人士的代表最有名的是：包耳爾 (Bruno Bauer, 1809-1882)、司徒勞斯 (David Friedrich Strauss, 1808-1874)、費而巴哈 (Ludwig Feuerbach, 1804-1872)、盧格 (Arnold Ruge, 1802-1880)、馬克思 (Karl Marx, 1818-1883)、恩格斯 (Friedrich Engels, 1820-1895) 等人，都以「唯物」為中心，反對黑格爾的「唯心」。

這些原來在哲學中的「唯物」思想，漸漸地經由社會的探究，而走向政治，尤其馬克思和恩格斯，竟把唯物論帶向了共產主義。

「唯物論」的興起，就在黑格爾「絕對精神」的反動下進行，就由這些「左黨」的人士所催生；他們哲學的最主要理由，就由「辯證法」所推出，而用「唯物辯證」、「唯物史觀」的內容去建架哲學的宇宙觀和人生觀。

就在宇宙和人生的問題上，他們運用了由英國所輸入的「進化論」，而以為無論在理論上，或是在世界歷史的史實上，都是「唯物」的，「人由猿猴進化而來」、「精神由物質進化而來」；整個歷史都在闡明「唯物」和「進化」的事實。

在「唯物論」的體系中，最先能用哲學的方法，把學說蔚成體系的，就是費而巴哈。

(1)費而巴哈：費氏為黑格爾的學生，最先學得老師的辯證法來反對老師。黑氏學說以「精神」為中心，一切正、反、合的演變都始於精神，而且復歸於精神；費氏卻以「物質」取代了精神，用同樣的辯證法則，說明一切都由物質所演變而來，以為物質才是一切存在之根本。

　　就在黑氏死後不久，費氏即開始著述，反對老師「絕對精神」一說，以為精神來自物質，物質才是絕對的，而精神只不過是物質所呈顯出來的表象而已。

　　在哲學史中，我們經常聽到的費而巴哈的一句話是：「人吃什麼，就是什麼」(Der Mensch ist was er isst)。當然，這句話表面上不易懂，但是，如果我們記得在兩千多年前，古希臘的早期唯物論者德謨克利圖斯 (Demokritos, ca. 460-370 B.C.) 曾經因了唯心唯物之爭，敗在當時唯心論者亞那薩哥拉斯 (Anaxagoras, ca. 500-428 B.C.) 之下的情形，也許就會懂得費而巴哈這句話的真正意義。古希臘時代，德謨克利圖斯最先提出原子論，以為宇宙一切都是由「原子」構成，而原子只有量的多寡，沒有質的差別；這種提案被亞那薩哥拉斯提出兩個問題，而被推翻；亞氏說：試問不是頭髮的，怎麼變成頭髮？不是肉的，怎麼變成肉？亞氏的這兩句話好像一根棒子，擊打在唯物論者要害處，唯物論從此在西洋哲學史中倒下去二千多年；現在，費而巴哈要報這仇，因而說出「人吃什麼，就是什麼」的語句；意思是說，所有變化的問題，都離不了物質的束縛。

　　費而巴哈學說的重心是「唯物」，但是要達到「唯物」的目的，非要改造二千多年來的傳統哲學不可；因而，費氏分二路進展：消極方面，反對黑格爾的「絕對精神」，而以「物質」代之；積極方面，提出神學的改造方針，以為唯有改造了神學，亦即是說，否定了神的存在，才能建立唯物論的體系。

　　在反對黑氏學說中，以為其辯證法的運用錯誤，以為若以精神為「正」，則物質為「反」，而「合」應該是綜合精神和物質。顯然的，黑氏的「合」變成了「絕對精神」，而完全忽視了物質世

界；於是，費而巴哈首先喊出：

　　恢復感官世界的地位！

　　「感官世界」當作知識的對象時，一切知識都應當「言之有物」，都應當消除所有的幻想和形而上的肯定。於是，就在「恢復感官世界的地位！」口號聲中，倫理的、藝術的、宗教的價值就被貶低，而且，「唯物」的思想也就日益壯大。

　　在積極建立宗教的方案上，費氏要建立以「人」為中心的宗教，提出「人與人之關係是神」；這是以倫理學的層次代表宗教。

　　但是，前面的「回歸自然」原理中，「人吃什麼，就是什麼」的定案，豈不又指出「人」的全盤物質性？這麼一來，神又不是一種物質？

　　神即人即物。神、人、物的三位一體，就是費而巴哈的神學架構，也是他的宗教信條。配合著進化的思想之後，就成了物進化為人，再進化為神。

　　(2)包耳爾：包氏為神學史家，以人性的眼光否定了耶穌基督的神性，進而否定其在歷史中的地位和價值。以為耶穌基督是人性對「彌賽亞」的期待的心理產品，而歷史的中心是「史實」，不是「心態」。

　　在極端的反對宗教聲中，首創「自由批評社」，對傳統作無情的攻擊。包氏的唯物思想，因而也就奠基在反對宗教的事實上，以為要廣揚唯物論，第一步必須先消滅宗教。

　　(3)司徒勞斯：司氏亦為黑格爾學生，研究宗教、倫理、神學；其研究的中心課題是：站在唯物的立場去批判耶穌基督的生平。

起初，司氏屬黑格爾右黨，贊成其唯心思想，但到後來，認為耶穌只是猶太人的希望，而不是歷史史實，心靈因素大於事實；因而設法從史實的立場，用具體可感的生活，來取代傳統的信仰。

因此，以為自然科學所研究的對象，才是最真實的東西，而心靈因素所發現的，都應以物質的尺度去衡量。

⑷盧格：盧氏由黑格爾思想轉入政治批評，以政治現象來批判宗教；以為唯有批判才是自由的表現，而宗教信仰則叫人「相信」，甚至超乎理智去相信。

盧氏在社會變遷的觀察中，對政治的各種型態，都以為物質條件和經濟條件，在促使人性思考，因而編成各種思想型態。因而，在盧氏體系中，理想固然站在較高的層次上，但是，其基層則是物質；甚至，物質是一切的基礎。

⑸馬克思：在德國十九世紀後半期思想中，費而巴哈提出了理論，包耳爾、司徒勞斯、盧格等人煽動了情緒，到了馬克思，則在具體社會生活中，把握了一些實例，後來恩格斯把實例和理論配合起來，終於促成了《共產黨宣言》的誕生。

馬克思要在歷史的演變中，舉出一些實例，說明西方社會的情形，的確與費而巴哈的理論相吻合，因而提出「歷史辯證」，為唯物論鋪路。

馬氏一八六七年所著《資本論》，指出人性在經濟條件下的發展過程，總歸於階級鬥爭；原則上仍然贊同在一八四八年和恩格斯在比京布魯塞爾所發表的《共產黨宣言》，以為無產階級應當起來革命，向資本家鬥爭。

馬氏以費而巴哈的辯證為經，以經濟歷史的事實為緯，綜合了所有黑格爾左黨的學說路線，發展出下列型態的唯物論：

　　甲、實際的：相對於費而巴哈的辯證理論，馬氏提出實際的人生，這人生的發展完全在經濟條件之下，而分裂為兩種對立的階級：一種是少數的、會用腦筋的資本家，另一種則是多數的、出賣勞力的工人。而以為社會的公理應該是：勞動者的天下。如今，用思想的人不費吹灰之力而獲得了利潤，工人就有權利起來革命，起來鬥爭他們。

　　乙、歷史的：馬氏以為經濟生活中的各項對立，都是歷史史實；在歷史中，人與物的關係決定著人性對本身的看法，也決定了人與神的關係；整個歷史辯證都指出這一點，都在唯物的原則下進行。

　　丙、無神的：馬氏跟隨黑格爾左黨的神學路線，直接提出「宗教是人民的鴉片」，因為它要以仁愛來代替歷史史實中的鬥爭；因而，馬氏提倡要消滅所有的宗教。

　　⑹恩格斯：恩氏為馬克思的密友，曾相偕赴法、英等國，窺探當時社會階級情形。而且，歷史中的馬克思主義，恩格斯的貢獻最大。因為馬克思對勞資間的衝突，只舉出了實例，並從實例中尋找理論；而恩氏卻用身歷其境的體驗來證明唯物論的真實性。恩氏原出身於資產階級，擁有自己的工廠和充裕的資本；恩氏親身感受到資本家剝削無產階級的例證，但亦同時資助了馬克思的各種宣傳，使唯物主義能宣揚發展。

　　唯物、進化、辯證、無產階級革命、共產主義，後來被列寧所用，在俄國興起了革命，奪取了政權，赤化了俄國，並以莫斯科為中心，企圖要漸漸赤化世界。

二、法國實證論

西方十九世紀後半期的思潮中，有一派相信「科學萬能」的思想，發生和成長在法國，這就是實證論 (positivisme)。其最重要的學說，先是在方法論，以為「科學方法」，尤其是自然科學的「實驗方法」，才是求得真知的標準；因而從這種知識論所導引出來的形上思想，就成為反形上學的哲學，以為唯有由感官以及由實驗室中得出來的，才是真實，而那些靠思想或理想直觀出來的東西，像倫理、藝術和宗教，都是空想，都應在哲學中排除。

「實證論」分三派，由三種不同的角度發展「科學萬能」的信條：社會實證論、進化實證論、批判實證論；今分別介評如下：

⑴社會實證論：以歷史發展的方式，說明人性發展的過程，而設法把這種意見運用到政治社會中。這派首推孔德 (Auguste Comte, 1798-1857)，孔氏用歷史學的進化方法，用「三站說」作為人類精神生活發展的階級。三站說的理論是：人類生存的最早階段是神話神學時代，當時人類沒有科學常識，對天文地理諸現象不甚瞭解，因而產生對外界權力的一種迷信和崇拜，並且由多神崇拜漸漸轉變到一神信仰。可是，人類的智力逐漸發展，漸漸脫離神話的解釋，而自己設法尋求解答，是為哲學形上學時代；不過，這時代的人類仍然沒有足夠的科學知識，因而用幻想來解釋宇宙諸現象，雖比神話神學進步，但是，卻仍未能把握真實。人類發展科學之後，知道前二期思想不嚴密，因而發展出可靠的實證時代，能夠用感官去衡量一切知識的真假對錯。

可是，由於宗教在社會功能上有實用的價值，孔德在學說中仍然容忍宗教的存在。

後來，出現了顧躍 (Jean-Marie Guyau, 1854-1888)，顧氏根本就要剷除宗教，以為人性的「生命」富有衝力，根本就沒有所謂倫理和宗教的問題；因而以為倫理和宗教都是違反人性的；社會發展出倫理和宗教的問題，都是由於人不懂得生命的衝力所致。因此，以為人生最重要的，就是在人性的觀點下，把握住其自然的能力，盡量去發揮，一方面壯大自己，一方面發展自己，使自己與宇宙的自然合一，而除去倫理、藝術、宗教。

(2)進化實證論：這一派的學者，用自然科學的實驗，來輔助社會實證論者的理論，從「發展」和「進步」的概念中，結論出「進化」原則，而且用自然科學的成果，來解釋進化的程序。最重要的，是生物學上的發現。

首先有達爾文 (Charles Darwin, 1809-1882) 出來，著《物種原始》，指出整個宇宙的發展和進步，從物質而生命，從生命而意識，從意識到精神；生物的進化由簡而繁，經由「物競天擇」、「弱肉強食」、「適者生存，不適者滅亡」的原理原則，在人類歷史的演變中，步步進化，由低而高，由簡而繁。

達爾文解釋了生物的進化過程，另一位思想家斯賓塞 (Herbert Spencer, 1820-1903) 則用哲學的理論，指證出整體宇宙之進化。在由簡而繁的進化中，人性到目前是最複雜的結構，也同時是進化的高峰，當然，人可以再往上進化，入於神性領域。但是斯氏在這方面卻陷入不可知論中，無法預測人性將來的變化。

繼斯氏而起的，有赫克爾 (Ernst Haeckel, 1834-1919)；赫氏將西方傳統的二元世界，都化作單元來研究，以為「物質」原始型態根本上是「能」，創立「質能不分說」，因而也就指出所有的物質，都可順序進化成高等動物。甚至，更進一步，以為宇宙萬

物是一體的，由其質和能所命定。

　　這種命定論發展到隆布羅梭 (Cesare Lombroso, 1836-1909)時，提倡人無自由意志的主張，在其「犯罪學」學說中，以為人的先天因素，促使一個人犯罪作惡；亦即是說，遺傳才是一個壞人作惡之因；因而主張選種以及優生說，而反對後天的倫理和宗教的教育。

　　(3)批判實證論：實證論在德國的發展，配合了康德的批判精神，而成為批判實證論。其代表人物有馬哈 (Ernst Mach, 1838-1916) 以及亞偉拿留斯 (Richard Avenarius, 1843-1896)。他們從批判經驗開始，以為哲學的對象和科學的對象本是相同的，哲學的客體亦應以「事實」為準，否則都是「假問題」。馬哈原為物理學家，以經驗知識來衡量哲學的真假。

　　與馬哈齊名的，尚有英人皮而遜 (Karl Pearson, 1857-1963)，創統計學，以「描述現象」當作是作學問的準繩，以為唯有透過描述，才能把握住「事實」。

三、英國功利論

　　功利論 (Utilitarianism) 的真正起源可溯到邊沁 (Jeremy Bentham, 1748-1832)，以為快樂就是幸福，而且人生的目的因而就是為大多數人謀求最大的幸福。而當一個人感到快樂時，就是幸福。如此，社會的一切措施，都應當以「快樂」為前提，不但物質生活，而且精神生活也應當給予百姓快樂。

　　隨邊沁而來的是彌爾 (John Stuart Mill, 1806-1873)，彌氏用聯想心理學的定律，來解答人生的各項問題；以為記憶、習慣等等現象，才是一切思想法則的來源。在倫理上，以為公共的快樂

就是善，否則便是惡。因而，人生目的就是追求快樂，為大眾謀求幸福。

四、美國實用主義

在美洲發展的哲學，都有「實際效果」的傾向，以之作為真理的標準，代表有詹姆士 (William James, 1842-1912) 以及杜威 (John Dewey, 1859-1952) 的前期思想。

詹氏繼承了德國郎格 (F. A. Lange, 1828-1875) 的實用思想，以為「實用」才是知識的直接目的，人生在世界上，其行為直接的目標應該是「實用」。

在美洲發展的實用主義，後來漸漸的流於「只有利害關係，沒有是非觀念」的境地。可是，無論是郎格，或詹姆士，或杜威，都以為「實用」為方法，而「形上」才是目的；知識是方法，信仰才是目的。

尤其杜威後期思想，根本就跳出了實用的範圍，而走向宗教信仰的層次，以為「理想」才是促成「現實」的最大動力。

五、尼　采

在自然主義的學者中，尼采 (Friedrich Wilhelm Nietzsche, 1844-1900) 是一位非常特殊的人物，他一方面叫著「弟兄們！對地球要忠誠！」另一方面卻要做「超人」。尼氏要以人性的生命衝力，解脫一切倫理道德的束縛，尤其解脫宗教的束縛，因而主張「上帝死亡」，以為唯有上帝死了，我們人類才能享有自由。

尼采的哲學體系，淵源於三種對立：

(1)生命與倫理對立：生命的本質就是權力，與達爾文所發現

的一樣，世界是弱肉強食的，只有強權，沒有公理；而倫理則是弱者為了保護自己而虛設的。為了熱愛生命，尼采放棄了倫理，而且極力反對作為倫理的最後支持的宗教。

⑵人與世界對立：人的外在敵人是世界，世界和倫理一般，在阻礙著生命的發展，故為了愛人，應當破壞世界，破壞世上的一切，正如生命體在侵蝕世界一般。

⑶強者與弱者的對立：強者就是權力，弱者則是倫理的代表；唯有弱者因無法與人競爭，因而提倡仁愛，提倡道德，但是，強者則可用權力去爭取；而人性應當趨向強者，應當消滅倫理。

就在這些觀察下，尼采找出了基督教的淵源，以為猶太人就是弱者的代表，整個民族應當被消滅。第二次世界大戰期間，希特勒的軍人人手一冊《蘇魯支語錄》，而導致六百萬猶太人慘遭殺戮，不能不歸罪於尼采的哲學。

「權力意志」的學說，表面上使人性擡頭，而減少神性在人性上的干擾；尤其是「我不愛上帝，我只愛人類」的想法，著實提升了人性的尊嚴和自覺，的確使庸俗的人走向「超人」的康莊大道。但是，這種人性的提升，是否正是倫理和宗教的本質？其「超人」是否就是基督宗教的上帝？

十九世紀後半期思想中，相對於反倫理反宗教的自然主義者之外，當然仍然有極力保存傳統人性的尊嚴，以及宗教的神聖的學說和哲學家，像新康德學派、新士林哲學、唯實論、叔本華(Arthur Schopenhauer, 1788-1860)，像歸納形上學等學派和學者。尤其叔本華所提出的「萬物一體」的學說，更使人能活在世上，但不屬於這個世界。

第二節　二十世紀哲學

西方一千多年來崇拜的上帝，並沒有遺棄西洋人，也沒有放棄指導西洋哲學的發展，就在一八五九年，給他們分送了三位先知：德國的胡塞爾 (Edmund Husserl, 1859-1938)、法國的柏格森 (Henri Bergson, 1859-1941)、美國的杜威 (John Dewey, 1859-1952)。這三位思想家，就重建了西方哲學的傳統精神，使西洋哲學，不致因十九世紀後半期的狂妄，而走向末路。

胡塞爾的現象學出現之後，德國學術界就再也沒有人敢以唯物論者自居；柏格森的生命哲學蔚成體系之後，實證論也就離開了法國；杜威的工具主義，也足以與實用主義或功利主義相抗衡。

從現象學的方法所導引出來的存在主義，配合了對生命的體驗，漸漸成為西洋二十世紀哲學的主流，而重新把宗教、藝術、倫理恢復了昔日的地位。

可是，也就在正統的哲學旁邊，總有一些末流的思想在延續殘生，像由實證論和經驗主義導引出來的邏輯實證，像從尼采遺留下來的反宗教反倫理思想的沙特，也都在二十世紀此起彼落，拿人性的尊嚴和價值來開玩笑。

一、胡塞爾現象學

胡塞爾現象學以意識為中心，繼笛卡兒之後再度探討絕對可靠之知識論問題，希冀從知識論的研究走向本體論的把握。

胡氏早年研究數學和心理學，用科學方法設法解答知識論上的難題，以「存而不論」的方法，一層層剝落從經驗主義和理性

主義所獲得的有瑕疵的知識，然後回歸內心，以意識的意向性，當作知識行動主流，而攝取外在世界以及內在世界的諸般知識。其主體性「能知」的尋獲，也正是客體對象「所知」的把握。

胡氏用「回歸事物本身」為口號，設法指出「現象」就是「本質」，而導致現象學就是本質哲學的結論。因為哲學所指向的是本質，而本質的獲得又靠意識，因而主體存在的價值在知識論中就漸漸地表露出來。

胡氏思想的進程可以很廣泛地分成三期：

⑴描述現象學：從開始到一九〇一年《邏輯研究》出版為止，胡氏由感官經驗的分析出發，漸漸進入形式邏輯的園地，使物我之間的關係成為「物為我們」的狀態，主體為中心，而客體為附屬。

⑵超越現象學：從《邏輯研究》到一九一六年，著重理知的自覺，使經驗回歸到邏輯之中；此時物我之間的關係忽告中斷，成為「物在自己」的獨立形式，主客各各獨立，知識無從發生。

⑶構成現象學：以理知的自覺環繞著意識而行動，使意識透過意向走進所有客體之中，選擇自己所要的對象；此時，以意識創造的能力，把以前存而不論的東西，重新撿拾回來，賦予本質的存在意義。此期從一九一七年到一九三二年。

如此，從主體走向客體，從能知走向所知，一切都在意識之流中存在，如此，終於從知識論走向了本體論，成為「物我不分」的境界。

現象學表面上看，是獨立的思考形式，而且特別注重方法，內容則存而不論，但是，其方法所在，則十足地指出了自然主義的偏差和錯誤，德國唯物論的思想方法、解釋知識以及存在的起

源問題，有了現象學之後，再也無法在哲學中生存。

　　胡塞爾開始了現象學，謝勒 (Max Scheler, 1874-1928) 則將它完成，而且完成在精神、價值、文化的層次上，提出了人與人之間的關係是「仁愛」，恰好與從唯物產生的共產主義學說相對立。

二、柏格森的生命哲學

　　針對孔德的實證主義體系，尤其科學實驗方法，柏格森首先提出存在界的層次，以為「生命」是在「物質」層次之上，因它有不同的存在法則；原來，從希臘哲學開始，柏拉圖已經發現生物的構成已經與物質不同；前者是：全體大於各部份的總和，而後者則是：全體等於各部份的總和。及至亞里斯多德，更進一步發現：生命體是全體先於部份，而物質則部份先於全體。如此，拿實驗物理的方法和成果，絕無法衡量生命的奧秘，正如眼睛不能越界去看「聲音」，鼻子不能越界去「嗅」顏色一般。

　　生命的全盤意義在於它的發展，在於它的「內在目的性」，它能夠為了整體的存在而犧牲部份的生存，因而有新陳代謝作用，因而會生長，因而會遺傳。科學家儘可利用所有已成元素，而造一顆蛋出來，但是，這顆蛋是否能被孵成小雞？

　　對生命的體認，柏格森有二點最主要的結論：

　　(1)生命活力：生物有一種內在的統一性，它要憑自己的本性發展，它要以強力衝破各種阻礙自己發展的東西，像樹根可以漲破岩石，荳芽可長得比自己原有的身體大上無數倍等等。在人的生命中，這種活力並未減弱，卻由於理知的輔導，更能充實自己，而成為在宇宙間，有自由意志的人；這種自由選擇，正是各人自己存在的保證。

⑵延續：所有生命都有遺傳因子，都會以「生」的方式去產生下一代，延續自己的生命。種瓜得瓜，種豆得豆的譬喻，正是生命延續的觀察所得。在延續的生命設計中，一粒麥子如果不掉在地裏死了，就永遠是一粒；可是，若掉在地裏死了，就會結出許多果實來。

無論是生命活力，亦無論是延續，在人類生命中，都能加上理知的直觀，不但觀察到事物的現象——生命現象，而且可以直指存在的本體；在對存在本體的體驗中，一個人就到了精神的境界，而知道自己以及世界的存在價值，同時更反省出自身的尊嚴。

自然主義者以為：物質可以解釋精神的一切，科學實驗可以解釋人文生活的全面；以為腦神經在動就是思想，腦神經靜止了，就失去了思想；但是，柏格森回答說：若衣架在動，衣服亦在動；衣架停了，衣服也就靜止，難道說衣服等於衣架？用肉體去解釋精神，就如某人因車禍失去了一隻手，而因此就在整體思想中缺少了某部份體系的結論，一樣荒謬。

在生命哲學的體驗中，物質等於「存在」，而生命卻是「變成」，而且一直在進步的變成。

柏格森的哲學給予法國的實證主義當頭棒喝，使人性再度因找回生命，而尋獲尊嚴和價值。

生命哲學始自柏格森，卻由布郎特 (Maurice Blondel, 1861-1949) 完成。布氏用「行動」的積極意義，來實現生命的理想。其後繼起的有狄而泰 (Wilhelm Dilthey, 1833-1911)、沁姆 (Georg Simmel, 1858-1918)、愛肯 (Rudolf Eucken, 1846-1926) 等人都以「精神」為主體，發展生命的高峰。

三、存在主義

　　存在主義 (Existentialism) 發源於丹麥的基督徒祁克果 (Søren Kierkegaard, 1813-1855)。祁氏以自身的「例外」和「孤獨」的體驗，發現唯有在「與神交往」中，才能尋獲自己的真實「存在」。由於當時的社會背景，工業的發展，使「個人」的存在消失於群體之中。祁氏哲學重心，在於個人的自覺，設法使人在宗教信仰中，做到生存在世界上，卻不屬於這個世界。

　　這種對「存在」探討的學說，發展了兩條出路，一條是哲學的：從德國發展後，波及到法國；另一條是文學的，在法國特別興盛。

　　哲學的發展首推德國的雅士培 (Karl Jaspers, 1883-1969) 和海德格 (Martin Heidegger, 1889-1976)，前者用心理學解釋了個人存在的種種，後者以本體論的研究強調了個人存在的意義。雅氏固有祁克果的「例外」和「孤獨」的感受，但是，卻能以「忘記自己」、「想到他人」為職志，而在自我犧牲的體驗中，尋獲了自己的存在，而且充實了自己對未來生命的寄望。

　　海德格從語言學中查出人性的墮落，在於逃避責任，而用「死亡」為哲學探討的過程，發揮了對生命意義的看法。

　　存在哲學波及到法國之後，就混合了哲學和文學的著作，其代表有馬色爾 (Gabriel Marcel, 1889-1973) 和沙特 (Jean-Paul Sartre, 1905-1980)，前者為虔誠的基督徒，後者為極端反對宗教的人。馬色爾用自身形上學的體認，發展了「走回內心」的通路，設法在內心的「絕對你」中，奠定自己的存在，以為人生猶如旅途之人，唯有天國才是人性最終的歸宿，以為人性和神性的結合，

才是人存在的最終保證。

　　沙特利用胡塞爾的現象學方法，但是加上了尼采的內容，而變成「虛無」的、「無神」的哲學體系；宣揚荒謬、矛盾等悲觀思想。

　　存在主義的發展，在二十世紀前半期盛極一時，目前已發展向神學，駕御術以及結構主義。其學說在美洲和亞洲曾發生過很大的誤解和曲解。

四、邏輯實證論

　　邏輯實證論 (Logical Positivism) 淵源於維也納學派 (Wiener Kreis)，以數學和物理的研究，企圖解釋宇宙和人生問題，而所探討的，則是知識論的範圍。

　　開始時由數學家漢因 (Hans Hahn)，經濟學家內拉 (Otto Neurath)，物理學家弗蘭克 (Phillip Frank) 於一九○七年集會，以馬哈 (Ernst Mach) 之意見反對形上學，採取潘加雷 (Poincaré) 之新實證論方法，討論哲學問題。

　　後來史立克 (Moritz Schlick) 任教維也納大學，領導集團，及有卡納普 (Rudolf Carnap) 加入，於是用維根斯坦 (Ludwig Wittgenstein) 的《邏輯哲學論》作為學說基礎，而加速成立學派。

　　一九三六年，史立克被學生刺死之後，邏輯實證論在維也納無法立足，而轉移陣地至美國。

　　學說在消極方面，極力反對形上學；積極方面，用科學的原理原則來取代哲學。科學的原理原則就是「可檢證性」(Verifiability)，以為一切知識都必須由「檢證」來決定真假對錯，而以為形上學就無法受檢證，因而要擯棄形上學。

　　這種學說漸漸發展到語言分析以及科學哲學時，亦對倫理學起了懷疑，而用倫理規範的語言分析，解釋每一句道德命令的意義，而把倫理的「行」忽視，而降為「知」的對象，以及批判的對象，到後來，以為所有道德規範都只有語言上的意義，而不涉及價值，亦不涉及人生。

　　語言分析的結果，一切都如數學公式一般，只有形式，沒有內容；因而以為哲學亦即是一種空的容器，沒有實質的東西；人生所追求的因而亦不是倫理的價值，而只是知識的形式和公式。

　　這就使邏輯實證論的哲學附屬到數學之內，成為數學公式的附庸。

第二章　內涵意義

現代哲學自黑格爾死後，學說紛紜，所討論的問題以及所提出來的答案，更是千頭萬緒，使人望而生畏。現僅就對物質、生命、意識、精神四階層，作為現代哲學研究的對象，而探討現代哲學的內容。

第一節　物質層次的把握

黑格爾所代表的唯心論，把人性的精神活動發展至極峰，後起的唯物論以及其它的自然主義學說，甚至後來的邏輯實證論，都在以認清「物質」，把握「物理」為職責；不但發展了「物理」，而且把物性提升到神性的地步。

在自然主義觀點下，人性固然在精神生活上有了某種偏差，但是，對邏輯法則，對自然科學的原理，對批判精神，亦有其貢獻的地方。

我們所住的這個世界，以及我們自己的肉體，都是由物性構成，擺脫不了物理的束縛；甚至，我們生存的所有必須條件，都與物質發生了不解之緣。對物質世界的把握，對改善人性生活，是最根本最先決的條件。

唯物的認定，進化現象的觀察，檢證原則的運用，在在都指出自然科學方法上的進步，同時也證明人性在「萬物之靈」的榮銜下，的確可以駕御物質世界的一切。

　　可是，這種「物質層次的把握」的哲學家們，卻與他們本身所反對的唯心論，犯了同樣的毛病：「越界！」以物理作為全部存在的原理，不但無視於「生命」現象的真實，甚至侮蔑人性在倫理道德、藝術、宗教上的尊嚴和價值。唯物論者一開始就反對宗教，邏輯實證論者自始至終不承認形上學領域的獨立性。

　　這種「越界」的作為，對宇宙的某種認識雖可說到家，但是，對人生則為害非淺。

第二節　生命層次的發揮

　　為使「物理」不必取代人性，因而「生命哲學」興起了。其對生命的把握與對生命的熱誠，使自然主義學者無法不收回自己的獨斷意見。

　　生命不同於物理，更不是數學公式所能表出的；因為它有「內在目的性」的發展，它不是靜止不動，讓人去觀察，而是有著某種「進化」的法則，朝向未來的目標前進的一種「活」的東西，它有「生」的潛能，能夠從母體「流出」新的一代，如此而連綿不斷地「延續」下去，能夠衝破時間，走向永恆；能夠衝破空間，走向無限。

　　生命哲學的興起，無論用冷靜的頭腦來觀察生命現象也好，無論用狂熱的感情歌頌生命的真諦也好，都在強調著人性的尊嚴，都在強調人生的奮鬥，都在指出人性要為自己創造未來，為自己、為人類創造幸福。

　　柏格森如此，尼采也如此；甚至，正統的存在主義哲學家像雅士培、馬色爾亦如此。

對生命的熱愛，最先所導引出來的，不是直接對物質層次的
超度，而是在人生哲學中，在絕望中送上希望，在痛苦中送上安
慰，在荒謬中送上自由。可是，生命哲學的興起，無形中也在宣
告「自然主義」的破產。

第三節　意識層次的發現

在知識論上，無論是理性主義或經驗主義，甚至後起的康德，
都無法擺脫「二元」的束縛；胡塞爾現象學出，才在二元的對立
之中，發現意識層次的超越地位，而奠定了知識的主觀性。

知識主觀性才是探討知識應走的路，而不是靠理知的理解，
更不是靠感官的體驗。現象學的最大貢獻，就是「意識」之中所
擁有的「能知」與「所知」所綜合的一體。

如果這意識只是笛卡兒所說的「心」的實體，而不是外在於
心的「物」，那麼，這「意識」所表示的，豈不是要否定唯物思想
的根本？如果意識的意向所指，才是「所思」的存在基礎，豈不
表明「物」的存在，要靠「心」的設計？豈不指證出從知識論走
向本體論唯有一條通路？那通路就是：意識走出自己，以意向為
導引，而作著目的性的旅行，在外面走一圈，又回到意識之中？

胡塞爾這種知識論的看法，表面上看既不涉及人生，也不涉
及宇宙；可是，事實上卻正在發展本體論的基礎，而以「心外無
物」的看法，把存在的階層，從物質跳過生命，而落實到意識的
層次中。到了謝勒，則更從意識的分析，從文化的深層去看，走
進精神的境界，預為價值哲學體系鋪路。

「人」性的發現，到了「意識」層次之後，又上了一層樓，

因為不但對生命的熱愛，而且的確把握住知識的根本起源。

第四節　精神境界的超升

　　無論是新康德學派所著重的倫理，或是新士林哲學所關心的宗教，都在關懷著人性的精神生活。十九世紀後半期所引起的「鬥爭」學說，或是生物界的「弱肉強食」，甚至對宗教倫理的漫罵，都要在二十世紀的精神哲學中，得到某種程度的昇華與超度。

　　「人為萬物之靈」的體驗，人性的「存在先於本質」的設計，還有「第三物性」的新知，都在指出，人與人之間的關係在「互助」、在「友愛」、在「盡責任」，而不是停留在生物界的「物競天擇」的法則中。

　　站在精神的高峰去看意識、生命、物質，曾使德日進 (Pierre Teilhard de Chardin, 1881-1955) 發展了新的進化學說，以地質學、動物學的原則綜合了哲學和神學的諸般見解，終於統一了科學、哲學、神學。在從物質到生命，從生命到意識，從意識到精神的整體計畫中，德氏透視了宇宙萬象的整體性與目的性，更透徹了「物質」只是精神生命的溫床，當精神成長茁壯後，可以離開溫床而獨立存在；這也就是從物性到獸性到人性，再到神性的遠景。

　　宇宙的進化早就開始了，但尚未終結，現代只是精神──人性精神的時代，它還要向著「超人」發展，還要與神性結合，它要把進化的始點和終點連結在一起。

　　在這進化的設計中，一切的倫理規範、藝術才情、宗教情操，都是人性精神階段的表象；除非人自甘「退化」為獸性，否則就

不會以生物進化法則來衡量人生，更不會以物理法則來加以否定形而上。

　　二十世紀哲學的內涵，果真把宇宙問題和人生問題，都在「用一切去衡量一切」的尺度下進行。西方二十世紀的覺醒，非常明顯地指證出其十九世紀後半期的末流思想。

結　論

　　西洋現代哲學給予我們的啟示，很顯然的，哲學要面面俱到，要以整體的宇宙和人生去探討，要顧及到人性的知、情、意三方面，同時要注意到人生的前世、今生、來世三層次；並且，在對象的選擇上，顧及到物質、生命、意識、精神四個階層；而在主體認知的尺度上，包括著人性的知、行、信。

　　科學、倫理、藝術、宗教都是人文世界的產品，可是，這人文世界都是自然世界的模仿、再造、美化、完成。要談人性，要善度人生，就得同時擁有科學、倫理、藝術、宗教；以科學來征服並把握世界，以倫理道德來修己成人，以藝術來善度生活，以宗教來超度自己及眾生。

第十一講　胡塞爾

　　胡塞爾原名 Edmund Husserl (1859-1938)，是現象學大師，設法用現象學方法——集合了數學、心理學、哲學，徹底研究「科學哲學」。若說笛卡兒由於找到了思維主體的存在，因而被尊稱為「近代哲學之父」，則胡塞爾由於笛卡兒的「我思」，進展到肯定客體的「物存」，真不愧為「當代哲學之父」。

第一章　胡塞爾的生平與著作

第一節　生　平

胡氏於一八五九年生於德國姆倫 (Mähren) 省普羅尼茲 (Prossnitz) 村。猶太人之後。

大學時研習數學，於一八八一年獲數學博士學位，畢業論文是《變分計算論》(*Beiträge zur Variationsrechnung*)。由於成績優秀，曾留校作韋埃斯拉斯 (Karl Theodor Weierstrass) 教授助教。三年後赴維也納，從師布倫他諾 (Franz Brentano) 學哲學；布氏為天主教神父，對希臘哲學與中世哲學皆造詣極深，胡氏自一八八四年至一八八六年，受其哲學思想影響，遂決心改攻哲學。

在悉心研究哲學期間，又深受心理學家史東弗 (Stumpt, 1848-1936) 的影響，遂設法用心理分析法解決哲學中知識問題。終於在一八八七年完成講師論文 (Habilitationsschrift)，題為《數概念論——心理分析》(*Über den Begriff der Zahl—Psychologische Analyse*)。此後就開始教學，一八八七年至一九〇一年在夏例 (Halle) 大學，一九〇一年至一九一六年在哥廷根 (Göttingen) 大學。一九一六年之後，受聘為福萊堡 (Freiburg) 大學教授，直至一九二九年退休為止。此後不但在哲學上發表許多著作，而且由於本身為猶太人，時值德國納粹迫害猶太民族，也發表了不少關於社會和政治的理論。

　　胡氏終其生都想在數學和哲學之間，找尋一條通路，設法建立如數學一般「清晰明瞭」的哲學體系；因而發明現象學，並推展了一套現象學方法，並引導了哲學上的現象學運動。

　　在人生哲學方面，胡氏雖為猶太人之後，本屬猶太教，但在留學維也納期間，年二十七歲時，曾受洗為基督徒，以西方中世的精神作為生活指標。

第二節　著　作

　　胡氏著作極豐，生時只發表過八本書，以及數篇長篇論文，其未發表的手稿多達四萬五千頁，但都是速記式的摘要，至今由其弟子整理成書的，也只有極少部份。

　　由於胡氏為猶太人，死後遺稿險被納粹毀滅，幸由弟子經由外交關係，運往比利時魯汶大學珍藏；自一九五〇年之後，始由弟子整理手稿，出版《胡氏全集》(*Husserliana*)，至今只出版了極少部份。今依已出版部份，依成書年代作一簡介：

　　胡氏思想顯然地分成二個階段，從開始到《觀念》一書的寫成，是為第一階段；《觀念》之後則為第二階段。但是，若把這二階段作更深一層的探究，則不難發現其思想進程則是由數學、心理學開始，漸漸走進哲學的範圍，這麼一來，似乎又應該在這哲學的兩期之前，再加上準備期，如此，胡氏著作分期，依據其思想分期，可作一種相當清楚的劃分：

　　⑴從開始到一九〇一年《邏輯研究》全部出齊為止；著有：

　　《變分計算論》(*Beiträge zur Variationsrechnung*, 1881)

　　《數概念論——心理分析》(*Über den Begriff der Zahl—*

Psychologische Analyse, 1887)

《邏輯研究》(Logische Untersuchungen, 1900–1901)

(2)從一九〇一年開始，一直到一九一六年《觀念》出齊為止；
此期有：

《嚴密科學》（全名為《哲學如嚴密科學》Philosophie als
strenge Wissenschaft, 1910–1911）

《觀念》（全名為《一個純現象學以及現象學哲學之觀念》
Ideen zu einer reinen Phänomenologie und
Phänomenologischen Philosophie, 1913–1916）

(3)從一九一七年之後，此期有：

《消極合之分析》(Analysen zur Passiven Synthesis, 1918–
1926)

《第一哲學》(Erste Philosophie, 1923–1924)

《現象學心理學》(Phänomenologische Psychologie, 1925)

《笛卡兒沉思》(Cartesianische Meditationen, 1929)

《危機》（全名為《歐洲學術危機以及超越現象學》，Die
Krisis der europaischen Wissenschaften und die
transzendentale Phänomenologie, 1935–1936）

第三節　著作導讀

從胡塞爾著作分期中，亦同時指出其思想進展，因而，學者
可順著其思路去讀他的幾部重要的著作：

首先是《邏輯研究》，這部書胡氏用了十幾年時間，作了他的
分析工作。這部大著分為二大部份：第一部份完成於一九〇〇年，

名為〈純邏輯引論〉(Prolegomena zur reinen Logik)，書中討論人類思想的邏輯結構，並且把觀念的法則看成邏輯的法則，以指出當時心理主義的偏差。第二部份完成於一九〇一年，名為〈現象學以及知識學說研究〉(Untersuchungen zur Phänomenologie und Theorie der Erkenntnis)。這部份由六種研究所組成，其中每一種研究都是由邏輯及現象學所導引，目的在於使邏輯的概念及法則，用知識論的方式加以闡明。《邏輯研究》這部書由邏輯出發，走向了數學的原理原則層面，用每個人天生來的直觀，可以把握存在的法則。

《邏輯研究》所導引出來的「意識直觀」，就進入了現象學方法的範圍，再深一層就是由知識走向形而上的探討，這就是《嚴密科學》一書的內容。

《嚴密科學》一書，要反對止於感性的自然主義以及歷史主義，以為人性的意識作用是所有心理學以及精神科學的基礎。

在讀了《嚴密科學》一書之後，就可進入胡氏代表作《觀念》一書中，去窺探現象學的全部內容。而在《觀念》中，讀者必定會發現，現象學的整體「內容」都只不過是「方法」，是「形式」，是「本質」。《觀念》共分二冊，第一冊分成四部份，討論本質與現象的關係；第二冊設法把方法與內容統一起來，把物理、生理、心理、精神都統一在現象學的「意識」之中。

《觀念》之後所留下的問題是：如何利用這統一的意識，去把握外在世界的存在，這問題的解答就在《笛卡兒沉思》一書中找到。胡氏在此書中，一方面讚揚笛氏找到「主體我」的貢獻，但在另一方面也指摘他離開意識的主體，而走向外物，因而放棄了意識能思的創造性。在胡氏看來，真正的知識應始於意識，終

於意識；而在意識中所有所思，都是精神的，同時是能思的主體，同時又是所思的客體。現象學要人走回主客未分之前的境界。

第二章　胡塞爾的學說

　　胡塞爾現象學是二十世紀新興哲學，特別著重方法學的研究，希冀從哲學方法的知識論出發，確立本體論的架構，然後再從宇宙走向人生。因而胡氏現象學在二十世紀所扮演的角色，很顯然地是上承近世，下導存在哲學。胡氏所用的方法則修正了笛卡兒的「懷疑方法」，而用數學名詞「放入括弧」，或曰「存而不論」；設法從意識的已知漸漸走向未知。

　　現象學的出發點就如二十世紀其它科學一樣，都不希望走傳統的路子，而設法用自然科學的原理原則，來解決哲學的問題；因而，哲學的特性也就變成「科學哲學」，而且不太注重哲學的內容，卻特別注重哲學的方法。

　　就在哲學方法的探討上，胡氏現象學提出了三階段進程：描述現象學、超越現象學、構成現象學。

　　無論那一階段的現象學，都在指出一樣事實，就是：「現象就是本質」；因此，現象學並不是討論現象的學問，而是討論本質的哲學。

一、本質哲學 (Wesens-Philosophie)

　　胡塞爾以為「現象」的意義是：五官可以感覺到，理性能夠推論出，感情能夠得到滿足的客觀事實，這麼一來，現象就成了本質，現象學就成了本質哲學。

　　前面提到的，現象學所著重的是方法，因而也就是探討如何

獲得事物本質的問題。傳統方法都是用「超越」，胡氏則採取超越與內存並用。胡氏以為，在知識的探討中，本質的獲得首要在人的「意識」之中；意識天生來的認識作用，就由主動的「能思」與被動的「所思」所構成。而能思與所思都在意識之中找到淵源。意識是人的整體性行為的活動中心，「人」是整體的，不是支離破碎的，它的主體性因而亦是整體的「能思」和「所思」所構成，成為單一不可分的。

胡塞爾在這裏，反對心理主義的偏狹，因為後者只承認人的意識之內有「能思」，而「所思」則如同笛卡兒的廣袤性的東西一般，總是在意識之外存在。如此，依照後者的說法，知識永遠無法出現，意識如何能容納有伸展性的東西？

但是，胡氏不但反對心理主義，而且同時亦反對康德的先驗哲學，因為後者忽視了經驗。胡氏要把知識的整體，其起源、其延續、其結局、其形式及內容，都要用現象學方法來探討，即是說，放入意識之中，以構成獲得事物本質的學問。

現象學的運動，最先提出了知識論上的口號「回歸事物本身！」(Zurück zu den Sachen selbst) 這事物本身指的就是本質。

二、存而不論

為了要達到意識統合能思與所思的統一性，為了要在意識的內存中，同時出現超越的效果，胡塞爾首先運用了數學中的「放入括弧」(Epoche)，亦即「存而不論」。意即凡是未經證實的，屬於傳統的，或是人云亦云的，都把它們放入括弧，存而不論；不去應用它們，但同時亦不去否定它們。這是消極的方法，目的在於剝落我們日常生活中，習以為是的一切知識。

在剝落了一切由經驗或理性或幻覺所獲知的知識內容之後，就由積極的「還原」(Reduktion) 方法，先確立意識的創造能力以及超越能力；然後由意識的能思出發，用人的意向性去包羅所有的能知事物，而再次以意識為尺度，把那些早先剝落了的，放入括弧中的，存而不論的知識，重新拾撿回來，使其在意識中成為所思。如此，所有呈現在意識中的思想，都是事物原原本本所呈現的，它是現象，同時亦是本質；因為它是由本身所直接呈現的。

胡塞爾的存而不論概念方法，早在《邏輯研究》一書中就已提出，到《觀念》一書就已正式運用，而且有正確的說明；在《第一哲學》出版時，完全在指出這種方法的剝落與構成。「存而不論」概念所指向的，也就是現象學運動的口號「回歸事物本身」。

胡氏的「回歸事物本身」要從三方面去考察：一方面探究認識的主體。在主體的認識行為中，必須把一切剝落，只剩下絕對無法剝落的意識，也就是笛卡兒的「我思」，是絕對無法被放入括弧，存而不論的。我們在知識論的探討中，一切都可以懷疑，唯獨懷疑的主體不可懷疑，因為懷疑主體也就等於肯定主體的存在。這也就是笛卡兒在理性主義的當初，就已把握住的「我思我存」，或曰「我疑故我在」。

另一方面在知識的探討中，除了主體之外，還要特別討論客體。在認知行為中，客體應當毫無阻礙地呈現自己，把自己的本來面目原原本本地呈現出來，使現象就是本質。這種客體的自我呈現，也就是意識作用的最原始資料。

第三方面就是要探討主客的關係，這關係就是「回歸事物本身」。胡氏以為，凡是傳統的、學得的、權威的、常識的等等，都應該先加以剝落，放入括弧，存而不論。這樣，在主體回歸到純

意識之後，在客體回歸到本質之後，由純意識和本質的來往，才產生出真實可靠的知識。

因此，現象學所關心的「存而不論」，首先要將客觀性化除，化除從天地萬物之背後翻上來，浮在境界上來；化除客觀而收進來，統攝於主觀之純意識境界。故此，存而不論的方法，先要破物我之對立，破是非之定論；忘記具體事物相互間之差別相，更忘記物我之間的距離，統攝一切於主觀純意識之中；甚至忘記物我之間有任何差別，而統攝一切於純淨境界。在這超越的純淨境界中，根本沒有差別相之存在，而只有共相之形式。在這形式中，獨具慧心與慧眼，就可窺見天地萬物，以及一切知識及本體，都淵源於此。這就是「還原」，這就是「返本復初」，這就是「回歸事物本身」。站在這一切的根源上去看一切，也正如《莊子》的「以道觀之」，也如古撒奴士的「在永恆形相之下」 (Sub specie aeternitatis)，一切都變成了在「真如」中的真實，猶如一滴水，滴入了大洋中，完全消失在無限波濤之中。

三、描述現象學

有了上述的構想之後，胡氏就著手進行其方法進程。在學說簡介中，我們已略為提到過胡氏思想分期，即描述現象學、超越現象學、構成現象學三期。現就依序討論其方法進程：

描述現象學 (Deskriptive Phänomenologie)：先由感官經驗出發，探討經驗主義在各種知識分析和歸納上的得失，然後導引各種經驗進入形式邏輯的園地，以邏輯的法則作為形式，去統攝所有所知的事物。這時，物我之間呈現出來的情形是「物為我們」(Ding für uns)；意即主體意識可以憑其先天的認識能力，以邏輯

的法則去統攝事物，而事物在這種情形之下，只成為被動的，要依附在主體主觀意識之中。這時，提及知識，就都是把主體和客體混在一起討論，物我之間的界限不很明顯。

在這種物我關係的探討中，胡氏最先批評康德，以為後者在綜合理性主義和經驗主義的工作上，做得不夠徹底，因為康德的認知能力，全神貫注到實踐理性之上，否定純理知的認識可能性；而且，在知識論中，讓主體的感官與理性二分，讓客體的實體物性二分，根本否定「物自體」之認知可能性。

胡氏以為，康德唯一的貢獻，在知識論上就是發展了超越哲學，因為藉了主體自己的提升，真的有機會使到物我不分，而不是混淆的情形，卻是統合於更高的一種層次。在這種超越與內存的問題上，胡氏提出了主體性的意向，以為在人性對生命的體驗中，總是由意志所立定的志向，來決定一切行止；世界上的一切，都無法用機械唯物去理解，而應當以目的性的選擇，當作人文世界各種現象的準繩。

意向性所指的，開始時用非常單純的描述，先是對「環境物」(Um-Welt-Ding) 的描寫，例如「在書房裏的這張桌子」，是指出桌子與環境的關係，指出其時空性以及伸展出來的各種性質。進一步，就會把環境剝落，把那些屬於時空的束縛的東西放入括弧，存而不論，就如說「這張桌子是樟木製成的」，這就指出了桌子屬於「世物」(Welt-Ding)；指出它與世界上其它事物的關係。在這種描寫中，我們很清楚地看出桌子與樟木的關係。然後我們還可再進一步，更深入一層，把桌子與世物的關係也加以剝落，放入括弧，存而不論，就如說「這張桌子是可燃物」，這種描述就到了「物」(Ding) 的單純境界，它再也用不著別的事物的關係，而在它自己

身上就擁有「可燃」的特性。這種描述，一直往上發展，到最後就描述成「這桌子是物」，指出了範疇的最高峰。

人類的意向，針對剛才的比方「桌子」來說，固然可以先由主觀的認定，像「坐上去不太舒服」等命題開始，可是結論出來的卻必定走向「單純的物」的境地，使桌子以單純的「物」出現，好使主體的認識，依同樣的方式剝落之後，剩下純意識；而再用「純意識」和「純物」的交互作用，形成現象學知識。

現在，應當進一步探討的問題是：意識究竟是什麼，物又是什麼？在探討純意識的時候，是否只顧及到「純能思」？甚至可以往深一層去問，在能思中是否已包含了「未來」思維的可能性？而「能思」的主體性是否必然含有某種程度的「所思」？

這就是「邏輯」與「範疇」的問題。在邏輯中從笛卡兒的「我思」出發，走向了知識論的深層，把一切知識都剝落之後，剩下了純意識；在現實上，純意識被稱為「存而不論的殘餘」，是再也不能被剝落、被存而不論的「能思」主體；現在的問題是：在能思中是否有足夠的所思，俾構成知識？

這就是意識的本質問題，同時涉及到意識與範疇的關係問題。

胡塞爾在這知識論關鍵問題中，有了驚人的發現，就是知識論中的任何客體，都是主體意識的對象，都是「思維我」的一部份，都不是有伸展性的、佔時空的東西。這麼一來，所謂意識，其實就是轉化客體為對象的能力，而這能力則同時是存在，同時是思想。古希臘哲學所提出的：「思想與存在一致性」，就是這個意思。

存在就是在意識中的存在，範疇就是在能思中的所思。從這種知識論出發，漸漸地由思維過渡到本體之中，從知識論走向本

體論。而且，很顯然的，本體其實就是能思以及能思所包含的一切思維內容。

四、超越現象學 (Transzendentale Phänomenologie)

有了主體和客體之間的關係描述之後，就可漸漸進入主體存在的超越性，而且藉著主體與客體的關係闡明，因了主體的超升，客體也必然藉著對象化，而沾到主體的光，而在知識層次同時超越了。

在超越現象學中，特別著重理知的自覺問題，這種自覺就是要把經驗邏輯化，把邏輯的經驗應用到日常生活體驗之中；使事物與邏輯的關係明朗化，同時界定事物本身應有的地位。這地位自然不但在知識論上，而且亦在本體論上。

就在這種探討中，很顯然的，描述現象學中的一切描寫，尤其關於主客體在意識中的合一可能性，都被客觀性的客體所否定，只有從客體抽離出來的對象，才能附在主體之中，但是客體的客觀性仍然與主體一般地獨立地存在著。於是，在超越現象學中，物我之間的關係又馬上驟然斷絕，成為「物在自己」(Ding in sich) 的獨立形式。主體和客體間在知識探討中不清楚的地方，一概被澄清；因而，主體和客體都各有獨立存在的形式。

這「超越」的意義就是，無論在任何程度的知識作用中，甚至最根本的感官作用與反省作用，只要我們一開始問及，主體和客體立即就成了超越的；也即是說，在知識中無論主體或客體，都成了意識作用的內容，而從感官世界走向了思維界，再也不從屬於時空的法則，而是進入了超時空的邏輯法則。

這種超越的方式說明了什麼呢？首先指出一個思維主體在詢

問一種客體時，並不是走出自身去問，而是去問自己的意識，問意識對外在的那個客體有何印象；如此，意識作用的第一步是「向內的」，可是，這向內的問題不但涉及到反省的問題，而是直接要在知識論中，問及知識的內容，尤其知識所涉及的客體內容。如此，意識作用的第二步又必須有「向外」的行為，亦即是其意向所指，仍然如笛卡兒的想法一般，要解決客體的伸展性事物。

就站在這種「向內」以及「向外」的考察立場去看，很顯然的是涉及到「能思」與「所思」的問題；「能思」永遠是主動的，是意識作用的推動者與完成者；而「所思」則是內存的「外在」事物，是內在對象的產物，這產物不一定要在外界找到適當的客體；亦即是說，外在具體世界是否有此對象並不重要，重要的是，主體能思之內有沒有這對象的意識。因此，知識論中所涉及的問題，根本上已經超越了客體具體世界的外在物，而著眼於主體意識的意境。

這麼一來，在知識論中，思維的正確體認是：思維一件事、一個物、一件東西；而這件事、這個物、這件東西又必然是意識中呈現的現象；可是這現象不是感官世界外在的東西；相對於伸展性事物來說，這意識內的現象就是事物的本質。因此，知識論中的所思雖然來自感官世界的客體，可是卻不屬於感官世界，因為它已經被提升超越了。

其次進入討論的是直觀的課題；因為「能思」是意識的本質，又因為它絕不是靜止不動的，甚至亦不是可靜可動的，而是本質上就是動態的；它的性質就是去「知」，它的存在就是「意識」。

於是意識行為解釋著意識自身，同時解釋著意識的對象。在「我看見一張桌子」的知識表出中，桌子可以是假的，我亦可能

在作夢；可是，我看見桌子的事實則是直觀行為；而這直觀行為，亦即是說，我與桌子的關係則是真的。

這麼一來，主體的超越不但使意識與意識行為超越，同時也使直觀的內容超越；也即是說，整個知識層次的超升，而進入本體界之中。

五、構成現象學 (Konstitutive Phänomenologie)

胡氏在構成現象學中的任務是：藉著主體自我超越的理解，把描述現象學中所剝落的東西，重新拾回，以意識的意向性，重新扮演出能知的角色，在知識中把握住主體的所有創造的能力，而終至使知識所知變成本體，以達到現象就是本質的終極目標。

在構成現象學的課題中，其出發點就是「純自我」，也就是毫無先見，毫無假設，只有笛卡兒的「我思」的主體；由這「我思」依邏輯的法則，走向了「我存」。因而這「純自我」的「純」字，不但作為消極的「沒有他物攙雜」，而且也在積極意義上，當作「全」字解，意即充滿了一切作為主體意識的本質和條件。

就在這種意識的自覺中，經驗的自我和超越的自我才能夠合成一體，它既有一切經驗和理知賦予的體驗，同時又擁有創造性的能思潛能；所有個別的、單獨的經驗，在超越的行為和本體內，都成為整體的，都應由整體的人去解釋，就如「眼睛看見」的命題，在經驗主義原始分析中，是很清晰明瞭的；但是，在整體知識的探討中，在對主體的體認中，它就缺少了根本的考察；「眼睛看見」只提出了描述，而沒有往深一層的整體架構中去思考；其實應該說「我看見」，或者說「我用眼睛看見」，才是對知識完滿的解說。

　　這樣，就涉及到「自我」的內容問題；因為既然「我」是一個整體，而這整體才是認知行為的主體；這主體豈不是由許多經驗和超越構成？在「我思」和「被思」的背後看來，在所有反省行為中，最先涉及到的是「我的思想行為」，然後才是「我自己的存在」；這樣，「我思」的直接結論，不是「我存」，而是「我知道我在思想」；唯有在反省我的思想時，才發現我這個思想的主體。

　　如此，純自我的意義竟然是，一方面內存，另一方面又超越；內存於自己的本體存在，但超越卻是在使自己超升，從能思中導引出所思。亦即是說：意識會離開自身，站在自己之外去看自己；然後把這反省行為，以及反省行為的內容，都賦以真實的意義。

　　可是，若把一切死物當作知識的對象，則當然可把意識解釋作上述的情景；但是，人類生存在世界上，是合群的，人與人之間有著各種不同的關係，關係中最根本的，在西方哲學探討的課題內，就是知識的問題。這麼一來，一個主體意識和別的主體意識之間的關係如何的問題，馬上成為思維世界問題的重心。「相互主體性」或曰「主體際性」(Intersubjektivität) 也就成為知識和本體構成的基本因素。在超越的意識境界裏，自我和他我之間的關係是相同的，有相同的思想法則，亦有相同的存在法則；二者都發自意識的自覺，二者都完成於自我的反省中。

　　由於主體際性的肯定，也就過渡到外在世界存在與否的問題，也即是笛卡兒所處心積慮的伸展性事物存在與否的問題。在構成現象學中，由於意識的統合，把感官看成整體知識的一部份——也許是外向的一部份，因而感覺到的，也就是意識到的，也就同時是現象的，同時是本質的，同時是思維的，同時是存在的。

結　論

　　胡塞爾哲學最終的目標是要建立起科學的基礎，以為哲學應該回復其原始之意義；胡氏因此極力設法把哲學變成嚴格之科學、徹底之科學，把哲學當作是自己本身的最終證明和基礎。

　　現象學的發展，最主要的是方法論，而後者則屬知識論範圍。現象學目前的發展，已經成為一種「現象學運動」，希望配合科學哲學的提倡，在人性意識的深層，找到各種知識的淵源。

　　現象學在歐洲，有胡塞爾弟子 Van Breda, R. Ingarden 以及 A. Diemer 等人的推廣，在美洲也有 M. Farber 所領導的現象學運動。

第十二講　柏格森

　　柏格森原名 Henri Bergson (1859-1941)，法國生命哲學大師，是二十世紀西方最偉大之哲學家之一，其著作之多與再版之次數，唯有最著名之小說可與之相比。柏氏為法國實證主義之剋星。柏氏之生命哲學問世之後，法國十九世紀後半期之實證思想，就再也無法在學術界立足。

第一章　柏格森的生平與著作

第一節　生　平

柏氏於一八五九年生於巴黎，父母分別為英國和波蘭血統。一八八九年獲哲學博士學位，其後就終其生教學、演講、著述，而享譽國際。

一九〇〇年受聘為法國公學哲學教授，直至一九二一年因病退休為止。柏氏生平獲得許多學術榮銜，主要的有法國最高研究院院士，以及一九二八年的諾貝爾文學獎。

第一次世界大戰之後，柏氏獻身於國際正義的宣揚，促進民族與民族之間，國家與國家之間的和平與互助；惜其努力被德國納粹所破壞，而死於希特勒軍隊佔領巴黎期間。

柏氏學術背景適逢西方十九世紀後半期之唯物實證思想；在法國尤以孔德 (Auguste Comte, 1798-1857) 的三站說盛行，以為人性進化應由宗教到哲學再到科學，而科學實證為人性之完美。柏氏創生命哲學以修正實證的偏差。

第二節　著　作

柏氏是當代法國最偉大的哲學家，著作極豐，而且亦再版次數最多，其著作依年代次序為：

《亞里斯多德覺官思想》(*Quid Aristoteles de Loco Senserit,*

1889) 為柏氏博士論文。

《意識之直接予料論》(*Essai sur les donnés immédiates de la conscience*, 1889)

《物質與記憶》(*Matière et mémoire*, 1896)

《笑》(*Le Rire*, 1900)

《形上學引論》(*Introduction à la metaphysique*, 1903)

《創造進化論》(*L'Évolution Créatrice*, 1907)

《精神能量》(*L'Energie spirituelle*, 1919)

《延續與同時》(*Durée et simultanéité*, 1922)

《倫理與宗教二源》(*Les Deux Sources de la morale et de la religion*, 1932)

《思想與動力》(*La pensée et le mouvant*, 1934)

第三節　著作導讀

　　柏格森的思想在於西方十九世紀後半期科學主義之中，提出「生命」的原始意義，而以「直觀」方法，說明「心靈」之本質。柏氏最大貢獻，就在於物質之內重新找到精神。以為宇宙整體都在「生生不息」之中；這種生生不息，可以由物而獸，由獸而人；但是，最重要的，柏氏要提出：不是人性的過去，而是人性的未來，這未來就是人性如何走向神性，走向超人。

　　依照這種思路，讀者立即可發現柏氏四大巨著，即《意識之直接予料論》、《物質與記憶》、《創造進化論》、《倫理與宗教二源》。讀者可依序精研柏氏思想體系。

　　《意識之直接予料論》討論時間與自由意志的問題，從人性

心理的直接感受討論存在時間中的自覺，以為自覺不是由理知所控制，而是由直覺所催生，這直覺就是一種「生命衝力」(élan vital)；但是，這衝力不是機械的，而是目的性的。這部書是柏氏全部思想之大綱，讀者可從中窺探柏氏整體思路。

《物質與記憶》說明精神與物質之密切關係，以腦神經組織的分析，進而說明心理的感受；指出「記憶」就是使精神活在物質之中的表象。在這裏，柏氏要指出：精神可以獨立於物質而單獨存在，物質相對於精神來說，只不過是條件，而不是原因；人性的精神生活才是決定人的價值和尊嚴的基礎。

《創造進化論》再次回到自然科學的探討，以為進化的事實與設計，都在說明「內在目的性」，而不是單純機械所可解釋的。在進化過程中，每一階段的「生命衝力」才是解釋各種事物「走向未來」的原則。生命進化由無機物到有機物，由有機物到完整之生命；即是說由物到生命的過程都同時是創生，同時是進化；這種學說顯然超過了達爾文、斯賓塞之機械進化論，因為柏氏能站在整體進化之外，去詢問進化過程之最終原因與目的。

《倫理與宗教二源》指出人性生命發展之必然結論，由現實發展到理想，由事實發展到理念，由個人單獨的修成到國家社會的團體生活。而在群體生活中，首先表現了人與人之間的關係，即所謂倫理道德；然後涉及人與神之間的關係，即是宗教信仰。無論對倫理道德的看法，或對宗教信仰的看法，柏氏都指出兩種不同的觀點，所發展出來的東、西不同的人生觀和宇宙觀。

除了以上四部大著之外，讀者若要懂透柏氏對整體宇宙之觀念，還要讀他的《延續與同時》；此書指出人類對時間觀念的心態，而進入心物合一之境，構成人生與宇宙的一大藍圖。

第二章 柏格森的學說

柏格森的思想背景，時值西洋十九世紀後半期之唯物（德國）、實證（法國）、實用（美國）、功利（英國）等侮蔑人性之末流思想極盛時代；這些思想有同一的目的，就是把人性降到物性的層次；這種嘗試固然在表面上用漂亮的科學方法做藉口，其實是要把傳統的宗教和倫理所建構成的立體宇宙，再次平面化；把傳統的精神價值和人性尊嚴所編織成的動態宇宙，化作實驗室中靜的觀察；正如科學實驗都以平面的、靜止的法則作為真理標準的原理原則一般，十九世紀後半期的各種時髦思想，都以反傳統反宗教反倫理為職志。

而能把唯物、實證、實用、功利的各項原則都集到一身，來善加利用的，就是進化論的根本考察。相對於傳統的「人性前瞻」來說，進化論在學說的表面固亦在提倡不斷的發展和進步，可是在本質上，它仍然是在討論「人性後顧」，後來更配合了共產主義的「歷史辯證」，而一味於尋求人性的過去，以為「人是由猿猴進化而來的」。這種揭發人類過去的「不光榮」歷史，以獸類作為祖宗，影響了今日的所有社會、心理、考古、地質諸學科，甚至亦在某種程度上侵蝕著歷史學的立場。

柏格森在這些熱門的思潮衝擊中，能夠獨具慧眼，而且亦具有足以破邪說之慧心，提出了「生命哲學」，以目的性的觀察取代機械的肯定，以生生不息的宇宙觀，來代替科學主義平面的物質世界。

　　「生命」現象的觀察，早在希臘時代的柏拉圖和亞里斯多德，已有初步的研究。柏拉圖在解剖青蛙時，就已發現物體與生命體的存在法則有所不同：拆散一張桌子，留下各部份，再湊回去仍然是一張桌子，但是，已解剖的青蛙碎片，就再也無法湊合成一隻青蛙了。因此柏拉圖提出：物體的存在法則是：全體等於各部份的總和；而生命體的法則卻是：全體大於各部份的總和。當然，這個「大於」就指謂著「生命」的層次，有其特殊的存在意義與法則；在這裏，柏拉圖要指出：數理的法則無法用來衡量生命的層面。

　　到了柏拉圖弟子亞里斯多德，對生物的實驗就更進步；亞氏指出：物質的存在法則是：部份先於全體；而生物則是：全體先於部份。

　　柏格森也就集合了傳統以來，各種對生命的研究，提出由生物學所提供的「生命因子」，發現「生命」最清晰的現象就是「生命衝力」，而這「生命衝力」的特質就是「延續」，這「延續」不但指出了物歸其類的存在特性，而且能夠衝破時間，走向永恆；在這種「生命衝力」中，特別是人性，表現了其內在的自由；但是，這自由不是機械的，而是由目的性所進化而成。就在有目的性的進化過程中，人性由知性漸漸走向倫理道德的層次，然後再從倫理規範走向宗教的情操層面。人性也就在宗教情操中與神性相遇，而完成進化的終極。

　　現在，就依序介評柏格森的思想體系：

一、生命衝力 (Élan vital)

　　柏格森的哲學方法是直觀，而在直觀中，發現生命現象根本

上是一種衝力，無論再卑微的一粒種子，都能克服種種的環境，而展示自己的生命；在生命體的發展過程中，它要從環境中吸取自己所需要的一切，點化成自己的結構，使自己的新陳代謝作用，恰到好處；生命就是以這種「整體性」，以「全體大於各部份的總和」，以及「全體先於部份」的特性，來調度每一部份對整體的意義與價值。冬天到了，樹就會丟棄一些葉子，以減少水份的支出；甚至把葉子都全部掉光，只留下根和幹，以備來年「春風吹又生」。生命現象就是一個有機體，能夠處處為整體著想，發揮其對外的「吸取」和「進取」能力。

二、延續 (Durée)

　　生命衝力表現得最深刻的，就是「生」的現象，而這生的現象是綿延不斷的。一粒豆子只要有充足的陽光、空氣、水，就會發芽、吐葉、開花、結果；而結出的果實完全與自己一樣，是自己生命的延續。每一個生命體都是有限的，有生就有死，有開始也有結束；可是，藉著這種「生生不息」的延續，把生命「流出」給下一代，而且能衝破時間的極限，而進入永恆；從有限的生命，演變成無限的延續。這延續因而屬於創造，屬於在時間中，利用時間而創造出永恆；屬於在空間中，利用空間而創造出無限。

　　每一個生命體的特性因而是「走向無限」的進化，「走向永恆」的進化。柏氏接受了普羅丁的宇宙體系的整體性和目的性，而擯棄達爾文和斯賓塞的機械進化說。

三、自由 (Liberté)

　　由生命衝力所發展出來的延續，既有「內在目的性」，即超越

了機械的「部份先於全體」的法則，而是在意識的層次中，早就由「預定調和」的精神，使「全體先於部份」；世上無論那一種生命體，都是由「生」的現象，先有由母胎生出的「全體」，然後才由這全體依著「生」的法則，生出部份來；不像機械唯物的自然科學方法所認定的，從部份的分析和歸納，設法去構成全體的途徑。

這種「整體觀」的最高峰，就停息在「內在目的性」之中，而後者發展到一定的程度時，就產生了意識以及精神作用。精神雖於物質之中，但是卻不是物質，而是統合物質成一整體，而且使物質的「部份先於全體」的定律，轉變成「全體先於部份」的原理。

在精神與物質的二元對立中，柏氏用人性的「記憶」作為考察的媒介，把神經系統看成必須的條件，但是，只是條件而已，而不是記憶。固然，人在記憶時，神經在動，神經損壞了或死亡了，就再也沒有記憶了；但是這並不證明神經系統就是記憶，更不能證明神經運動就是思想。柏氏在這裏提出一個譬喻：若把腦神經看成思想，就等於把掛衣服的架子看成衣服，犯了同樣的錯誤；思想與腦神經的關係，正如衣服與衣架的關係一樣；思想時腦神經在動；腦神經在靜止，思想亦就停止；同樣，若衣架在搖，則衣服亦在動；衣架不動了，衣服亦就靜止不動；若衣架掉在地上，則衣服也就掉在地上。但是，雖然它們之間的關係那麼密切，衣架卻永遠不是衣服，甚至也不能代表衣服；反過來衣服亦不是衣架，同時亦不可能代表衣架。同樣，若腦神經失去了作用，人也就無法思想；可是，腦卻不是思想，思想亦不是腦。

西方十九世紀的自然主義，設法用物質去解釋精神，正如若

一個人少了一隻手或斷了一條腿，因而斷定其精神不健全是同樣的錯誤。

因為物質的機械結構不能代表精神，而精神卻以目的性的「整體」去領導生命體的各種衝力和延續，因而呈現在高度生命現象中的，就是脫離物質和肉體的各種束縛，而走向「自由」的境地。

「人」就在這種意義下尋獲了自由。

人性之於自由，在柏格森的哲學中，不像自由主義時代所說的，爭取到的外在自由，也不像倫理規範中所提倡的，內在修成的自由；而是每個人都能直接感受到的內在意識；因此，柏氏不在於討論人性時，那本質的自由探討，而是設法在指出，人性在行動時，以整體的「個人」所直接意識到的「做」或「不做」、「做這」或「做那」的具體自由。這「自由」的體驗，才是人性的正常原理原則。在柏氏哲學中，人性有一條法則，那就是自由。

四、創造的進化 (Ĺevolution Créatrice)

由於人性生命步入了自由的境界，因而也就超乎了所有機械因果的命定；因了自由抉擇，人性就不斷地向著自選的目的進步和發展。因此，站在這種角度去討論人生時，人性就不再「是」，而是等於「變成」(Se fait)；因此，「人」就是「將變成的自我」。

柏氏後來更把這種人性自我的發現，推廣到整個宇宙之中，使這個以「人」為中心的宇宙，也成為不斷進化，不斷「變成」的生命體。在柏氏看來，宇宙間沒有東西是靜止的，一切都在變化之中，一切都在生生不息之中，一切都在行動之中！物質的行動本是機械的，可是由於精神的臨在，物質也就指向了目的；當然，物質行動的目的性由精神決定，而精神的最高峰就是「理想

「自己本身」的上帝。

　　人的進化，固然可由物到獸，然後到人；但是卻不是機械的；亦即是說，不是物質之內就有了進化的潛能，由物質自身的潛力，就可變成獸，再進而變成人；而是採取外在目的性的說法，在整個「由物變獸，由獸變人」的系統進化過程之外，有一個目的在遙控著。這外在目的自然就是神，就是上帝。

　　但是，這種外在目的的控制權，到了人性的出現，也就在人性身上有了轉移，即是人性本身有了自由，它自己會為自己的行為選擇目的。

　　這麼一來，以整體的宇宙進化來說，進化原是創造計畫中的一環，而創造也就成了進化學說的最終依據。又以人性的進化來說，它不會滿足於現實的人性，它還要在精神思想中創造自身的遠景，它要使自己的現實成為理想，以美善的人生來超度醜惡的世界，以宗教的永恆生命來超度此世的短暫。

五、倫理道德

　　人性的進化，自獸的本性發展到有倫理規範的人性之後，就開始了目的性的創造進化，而成為創化的過程。人性由於自身擺脫獸性之後，就享受到自由的恩賜；而換取此自由的恩賜就是自己對自身行為的責任。柏氏在其倫理思想中，並不特別著重個人修成的各種德目，而在於提出人的社會性；以為人性生來就有社會合群的天性，而這天性是由「愛的衝力」(élan d'amour) 所組成。這「愛的衝力」促使人認清自己在社會中的地位和責任，而憑之建立家庭，屬於種族、國家和社會；遵守著家法、族規和法律。這是開放社會的各種法規的具體生活；而人性在私生活中，在個

人對自己的關係中，則是開放的系統，他可以選擇任何一種自己以為對的人生觀，並為之生為之死；他可以建立自己的人生體系，去愛自己所喜歡的，丟棄自己所不願的。

當然，這種選擇和丟棄，是依照著「生命」的原理原則，亦就是說，是依照「內在目的性」或稱「發展」的自由，人性是創造進化中完成的，因而它不可能後退，人性在完美自身的過程中，無論在開放的、或是封閉的倫理體系中，都不容許退化為獸性，而是應該透過「從心所欲」的自由，而把人性超度到神性中。

從人到神的進化也就是人性自己在生命過程中最大的創造。人性的創造潛力，表現在物質層次上的，就是人文世界的一切科技成果；柏氏的哲學，可貴處就是在所有物質表象背後，看清了「精神」的臨在；譬如我在寫字的這一支筆，無論誰要解答「這是什麼？」的問題時，都不可能說「物質」，就是圓滿的解答。這支筆固然是物質作為原料，但是，它的存在形式，它的形成因，它的目的因，都不是物質，都是精神的產品；也就是說，如果要用「物質」去描繪這支筆的話，就應說成：「由精神臨在的物質」。

人的創造能力，在物質的層次上就是把精神賦予物質之中，使其原有的存在法則改變，由雜亂無章的，變成有體系的，由各部份支離破碎的，變成有組織的整體性的。再進一步，人性在自身以及在社會中的創造潛力所表現出來的，就是倫理道德；這倫理道德的規範就是要在人性之中引進人格。在人性的創化過程中，人性本身已經不足以擔負人類的歷史使命，它要透過自由的行為，使自己完全超度，從人性到人格的養成。人格在這裏的意義，是完全超乎了物質的各種條件的。

可是，人性的創造能力，所表現出來的最高峰，卻是與自己

的創造者相遇的時刻，那就是宗教情操中的生活。

六、宗教信仰

　　首先要理解的一點，宗教和信仰有所不同，前者可以是制度的，注重形式的，而無法定一種尺度或標準來衡量一個人的信仰。同樣，信仰生活也不一定需要制度宗教來支持，如此，信仰生活所著重的是宗教情操，而宗教所能控制的則在制度。在柏格森看來，宗教和信仰可以並排在一起，互相助長；因為在制度宗教中，總可以收集前人的經驗，而導引下一代的修成方法；同樣，在個人宗教情操的培養中，對制度宗教的形式也的確能賦予內容。

　　就在這些同異背後，柏氏看出了宗教的基本，無論它是形式的或注重情操的，都在與「理性」分道；信仰的對象雖不一定是悖理的，但是它卻不需要用理知來為自身鋪路，更用不著理知作基礎。它是純精神的享受，它要在各種宗教經驗中，體驗出自身的神秘因素；更在各種神秘經驗中，與那存在的「絕對」相遇。

　　宗教的功用在這裏，也就成為給予人類一種機會，使其能在物質生活之外，而在物質生活之中，仍然能超脫自己，使其在物質生活之上，找尋精神的安息和歸宿。

　　這麼一來，宗教的積極意義仍然是人性在創化過程中，必然發展的一種歷史過程，也是人性生命衝力中更高的一種存在表現；它的潛力完全暴露在人的良知在追求幸福，以及在追求平安中，所顯示出來的心態。

　　正如植物要追求陽光，人性生來也要追求絕對。

　　宗教既然可以超乎了理知的「知」的知識層次，而進入到「美」和「聖」的「追求」境界，因而，在超乎理知之上再度超越時，

就是接觸到人性的極限，而進入神性領域。在與神性相遇時，人性就由神性的降臨，而從人性走向了神性。

就在這種神秘經驗中，人類的語言就已經失去了效用，就進入「不可說！不可說」的境界；因為在那最高的境界中，面對著人性的，不再是任何理知所能描繪或理解的絕對，而是那「隱秘的上帝」本身 (Deus Absconditus)，是超乎一切之上的超越上帝。

可是，正因為人性能夠經由人格而進入神秘經驗之中，因而亦在自身各種超越的能力內，發現那最高的超越，同時亦是自己內心神秘經驗最深處；最高的創造能力，同時亦是最深的神秘體驗。這樣，超越與內存都相交於一點，即是人類心靈之中。

神秘經驗當然是個人宗教情操的表現，是人性在自己內心與神性交往的結果；其最終的結局當然就是神、人二性的結合，而使得神性降凡到人性之中。

柏格森的哲學，在開始時的貢獻，就是在物質之中，重新找到了精神，到後來，透過神秘經驗，而在人性之中，找到了神性。

無論精神之臨在於物質，或是神性之臨在於人性，其思想路線只有一點，那就是發展和進步的表象背後，有一個「生命衝力」不斷地在時空座標中，透過物性的表面，而進入精神的內層；再透過精神的內層而進入神性的核心。

柏格森哲學在這方面，由實證論的方法出發，透過對生命的體認，而進入到意識和精神的探討，最後止息在神性的神秘經驗中；表面看來，是在發展西洋士林哲學對至上神信仰的發揮，是在為制度宗教的信條找尋基礎，可是事實上所導引出來的成果，則是人性宗教情操的體認與把握，把宇宙整體的架構，納入在「生生不息」的體系中，而人的智慧，則在把握這體系之同時，超度

自己脫離物質的束縛，超乎人性的極限，而能頂天立地，使精神臨在於物質之中；在另一方面，則把自身的精神，超度上去，與神性交往，而在創化極限中，連結著神性和物性，設法在神、人、物之間，締造出整體的宇宙觀和人生觀。

　　但是，就在這種神秘經驗之中，柏氏所強調的，當然不可能是東方的神秘色彩，不可能是消融自己的存在於「一切皆空」的涅槃之中；因為他的上帝畢竟是有位格的神，是相遇的對象。柏氏自己說：神秘經驗最主要的就是「愛上帝」、「把上帝當作愛的對象」。在這裏，柏氏再回過頭來，指出所謂的生命衝力，其實就是「愛」；愛是創化的動力，是一切物質機械運動變化的解釋，同時亦是精神超度的目的的動力。

　　最後，柏氏在神秘經驗中，要提出「分受」的概念；一切生命衝力的愛的行動，都是「肖似神」的神性分受，因而總是主張，在物質性的肉體消逝之後，靈魂的不死不滅，是人性唯一的希望，是人性衝破時間、走向永恆的保證；這希望和保證，同時亦是所有制度宗教的教義所許諾和主張的。

結　論

　　柏格森能在法國實證主義聲中，在物質之中找到了精神，在人性之中窺見了神性；其在哲學上的成就和貢獻，當然不可限量。現在，所留下的問題，就是柏氏如何統一西方哲學傳統以來的二元對立，像靈魂與肉體、物質與精神、創造與進化、開放與封閉、制度與神秘等等。

　　當然，在解答這個問題之前，有一點必須先說明的，那就是

西方二元的分立，可以是在本體論上的，亦可以是知識論上為了方便而運用的。柏氏是屬於後者，他的所有論證，其實都在「整體人性」著眼，用「人」的眼光去看物質，去看精神，去看宗教的二種起源，去看倫理道德的二分法。在柏氏哲學方法中，我們可以說，除了整體人性的出發點外，找不到其它的出發點；而且，在最終的宇宙探討中，一切都在和諧的整體內存在，所有的發展，都向著同一的目的進化。物質只是精神進化的條件，而精神也是神性完成的過程。宇宙的整體性，站在物質的層次去看，是機械的整體；站在精神的層次去看，則是目的的整體。也正因此，柏氏能夠在專講實證主義的思想潮流中，開創出一條通往精神的大道，他既能如實證論者一般，把握住物質存在的法則；但是，卻在實證主義的方法運用中，在物質內找到了精神，這是柏氏強於實證主義者的地方，也是他生命哲學在二十世紀能一方面挽救西洋十九世紀後半期的思想危機，另一方面，導引著二十世紀的思想，從唯物實證走出，走向精神的宗教領域。

柏氏弟子馬里旦 (Jacques Maritain, 1882-1973) 繼承了生命哲學體系，發展了新士林哲學；更有身兼哲學、神學、科學三家之長，而又欲統一三者於一爐的德日進 (Pierre Teilhard de Chardin, 1881-1955) 所提出的「進化論」，在整體的架構上，頗多與柏氏相同之處。這些都是柏格森對後世哲學的具體的積極的影響。

在我國，杜威來華講學年間，曾介紹了當代西洋三位哲學家，其中之一就是柏格森；在當時亦頗得一般士大夫的器重；可惜的是，「生命哲學」由於和中國傳統哲學「生生不息」的哲理有許多雷同之地，而在當時「打倒孔家店」的潮流中，因而無法獲得應

有的注意和尊重，致使在當代中國思想界並不流行；而只在一些
年老學者中，成為「放在斗底下的光」，沒有「放在燈檯上，燭照
全室」，這誠屬學術界的憾事。

結　語

　　我國近百年來，學術界一直有一種怪現象，就是崇洋的人，總覺得外國月亮比較圓，甚至有人在「全盤西化」的設計中，連梅毒也計算在內。但在另一方面，嚮往中國傳統文化的人，則一直在強調：「中國擁有精神文化，西洋只有物質文明」，而結論出西洋科技雖進步，但卻需要中國的精神文化去拯救，否則便會滅亡。

　　這兩種極端的學術風氣，到今天仍然大行其道；但是，我們站在思想的立場上去詢問實際的話，仍然可以不客氣地提出一些根本的問題，問雙方的學說代表人：

　　中國西洋化固然在「世界潮流」中不可避免，但是，究竟要怎樣的西化方法？當然，如果一口咬定，中國學術一向不用有效的方法；或是咬定唯有科技方法才是唯一的做學問方法，則把問題當作答案，根本無法取得探討的成果。「連梅毒都要」的全盤西化主張，顯然的就是在混亂著問題和答案。

　　再者，西方在沒落，應當由精神文化去拯救，但是，要用哪一種「精神」？當然，學者如果一口咬定，西洋只有物質文明，只以西洋十九世紀後半期的思想，當作是西洋文化核心，顯然就要靠「外來」的精神去救援；而再次肯定「中國精神思想冠於全世

界」，則很邏輯的結論就是：西洋必須向中國學習。

　　究竟是要中國西化？還是要西洋中國化？或者，在這二種極端之中央，開拓出一條中庸之道？

　　在拙著《西洋哲學十二講》中，讀者可容易看出，西洋的思想重心，從希臘開始發源時始，就已奠定了「知」的優位；西洋文化的往後的發展，無論是羅馬時代的「行」，或者是中世基督宗教的「信」；及無論是在知識層次本身，或是倫理道德的實行層次，或是藝術層面的美感生活，甚至在宗教信仰的情操中，都以這「知」為中心，去規劃宇宙和人生的圓圈。

　　反觀中國文化的淵源，從先秦諸子起，甚至追溯到殷商時期，都以「行」的中心，設計了整個宇宙和人生的規範。中國數千年的哲學思想，無論秦漢時代的「知」，或是隋唐佛學的「信」；亦無論在修身本身，或是齊家、治國的道理，甚至平天下的政治理想，都莫不以「修身」為本，都是以「行」為中心。

　　「知」與「行」的雙邊關係固然很重要，但是，畢竟是不相同的研究方法；二者的比較非常困難，更困難的是優劣的價值批判；因而，就更難肯定，究竟誰可以補足誰？全盤西化的主張，或是叫西洋全盤中化的學說，在這種情形之下，都顯得理由不足。

　　也就因此，西洋就在「知」的方面，曾經在十九世紀後半期，有了很悲慘的迷失經驗；以科技之知涵蓋了一切倫理、藝術、宗教的層次，以為善、美、聖的境界，都由科技的真在涵攝；傳統「行」和「信」的可能性，遭受到徹底的破壞和否定。

　　中國近百年來，也就由於「行」的習慣，在「知」的問題上沒有釐清真假對錯以及是非善惡之前，貿然向西方十九世紀後半期的文化型態看齊，而實行起唯物、實證、實用、功利的人生觀。

　　西洋十九世紀後半期的確是精神文化沒落了，那時真可說「西洋只有物質文明」，但是，半個世紀的迷失，並不能代表二千多年的文化。而西洋二十世紀的覺醒，在現象學、生命哲學、新士林哲學的引導下，乃重新拾回因狂妄所丟棄了的善、美、聖的價值層次。

　　二十世紀的中國，在「德先生」和「賽先生」的把持下，傳統的文化在什麼地方？「只有物質文明」這句話大概更能夠形容中國的現狀，而不是「精神文化」。主張西方中國化的人士，也許要多在「復興中華文化」方面著手研究和努力；先以設計好的一種新文化體系，救了中國，然後再去高談中國文化拯救西方的闊論。

　　如果要談文化危機，西洋十九世紀的自然主義思想給予西方的毒害，遠不如我國受到西洋唯物思想的流毒；西洋二十世紀的覺醒，多少能在傳統的精神文化上，重新獲得生命的活力；中國在這方面，還著實有待改進；除非能把二千多年前發展在農業社會的一些德目，用一種適應於二十世紀原子時代的解釋，以及生活方式，我們就再也沒有理由強調「中國精神文化」，而西洋只有「物質文明」。

　　在文化沒落之中，迷失了的人生方向，都必須由傳統的精神思想來拯救；但是，這種傳統的東西，畢竟要經過創新和再造；就像西方中世，再造了希伯來的信仰；就像中國隋唐，創新了印度佛學思想一般。西洋二十世紀的覺醒，內容上是傳統的精神文化，但是，在發展的方法上，無論是現象學、生命哲學、或是存在主義，都用了創新的、適合於當代的，而且還利用了當代科技的成果。

　　以上是拙著《西洋哲學十二講》能導引出來的第一種結語。

　　第二點：西洋哲學的發展，與其精神思想發展是一致的，希臘重「知」，然後以「知」統制著羅馬時代的「行」，中世的「信」，更催生了近代的「知」和「行」，甚至發展了現代後半期的「知」、「行」、「信」合一的趨勢。可是也就在這種一脈相傳的精神文化中，在現代的前半期，即西洋十九世紀後半期，曾經迷於自然主義之中，受到了唯物、實證、實用、功利之欺騙，而險遭沒落的危機。可是，西方畢竟由於制度宗教的深厚功力，能夠透過現象學、生命哲學、存在主義、新士林哲學的方法，面對自然主義的內涵，提出了精神價值，重新在二十世紀中，肯定了人性的尊嚴。

　　中國現時代的思想，在心態上仍然接受著西洋十九世紀後半期的思想型態；自然科技的研究與人文社會的研究重量，只要稍微比較一下，就可看出其偏差的程度。甚至在許多方面，以科技取代人文，就如以數理公式取代哲學，用實證方法研究精神科學，用佛洛伊德的性心理解釋人性的精神生活，甚至用之以註解中國古代思想。

　　當然，誰都看得出，在這種「唯物」的潮流衝擊之下，「精神文化」的尊嚴和價值，絕對有必要加以肯定和推廣；但是，問題就在於，怎麼樣的精神文化？先秦的？佛學的？宋儒的？或是基督宗教的？

　　中國目前的現象，似乎還停留在「食古不化」以及「西洋末流」的二難式之中；前者盛讚傳統，口上念念有詞，熟記古書中所有德目，可是說不出一套可行之法；後者則高舉「科學」的旗幟，以性心理、行為主義等學說，來侮蔑傳統的倫理和宗教，把人性降到獸性的地步。

　　筆者在這裏，揭示了一條西洋精神思想發展的線索，希望在

西洋二千多年的文化演變中，找出一條解救之道。當然，中國在近百年來，無論在客觀的生存事實上，亦無論在主觀的被壓迫感受上，都承受了像西洋兩千多年所遭受的東西。但是，在文化危機中，自救之路與他救之機會，總是有著相同的境況的。就如西洋在羅馬的文化衰退中，引進並融化了希伯來文化，而創造了新的中世思想；也像中國秦漢之後的文化危機，由印度引進來的佛學，經過消解與再造之後，變成了中國悠長的宗教文化時期一般。

中國自救的方式，是否在歷史中可以找到註腳？是否仍需要外來文化的衝擊？（目前，洋化思想早已不是需不需要的問題，也不是國人抗拒或接受的問題，而是正在進行西化的事實。）不過，有一點是必然的，那就是絕不能「吞下」洋東西，而不加以消化，像念數理化的方式一般，去吞服西洋文化；因為這樣的話，就是步了滿清被漢族同化的後塵，而會遭受到亡國滅種的命運。

消化外來的文化，使其成為一種適合於本國、本民族；從以往傳統的啟示，加上外來的衝擊和精髓選擇，而產生的第三種新文化，總是有悠久的歷史。

就如要在二十世紀研究人類的問題，當然不能避免「進化論」的研究，但是，卻不能停留在「純西式」的鬥爭之中，而應加上中國傳統的仁愛，使「互助」超度鬥爭的本質，而使獸性發展到人性，再從人性發展出高尚的人格，而進入神性的境界。

研究進化，不但要「後顧」人類的過去歷史，問及它是否「由猿猴進化而來」；而更應在「前瞻」中，研究人類的前途以及人類的命運。

在這裏，很清楚的一個問題是：對人性的認識，以及對人性的生活價值，和人類存在的尊嚴，有一種明確的規範，也就是說，

一種形上學的設計。而在這新設計中，每一個人，面對著人生，總能夠對自身的問題，抱有解答困難的寄望。

這樣，在中國哲學的設計中，也許就得在知識論的第一步工作上，學習西洋「知」的方法，把要講的東西，分成條理，說得清晰明瞭。原來，西方的形上學基礎，都奠基在說理的清晰上，像希臘柏拉圖的著作，沒有人要去背它，只要跟隨著它的思路，「懂」得了之後就可；不像我國古代思想家的著作，一定要先把它熟記，然後慢慢地體會，甚至到年老時，還繼續不斷地修練。

中國哲學就是缺少形而上學的前院——知識的清晰明瞭。而在形而上的原理原則之後，立即走向了倫理的實踐；但是，因為沒有「理知」在知識基礎上的支持，因而在近百年來的西洋科技衝擊中，有很多人就開始懷疑，甚至否定傳統的倫理道德的價值和意義。

現在，復興中華文化的第一步，當然就在「知識論」的考驗上，最先用清晰明瞭的觀念，解釋人生觀的形而上意義；然後進而用之作為原理原則的信仰，再後運用到日常生活之中。

知識論來支持形而上最淺顯的例子，就是「類比」概念的運用；無論西洋的亞里斯多德，或多瑪斯，及無論中國的《抱朴子》（《詰鮑篇》），都在這方面作了很大的貢獻，都是以感官世界的觀察，來支持自己的人生觀。在西洋和中國的當代思潮中，更應把這種方法推廣。就如：中國傳統對「仁」的解釋，到今天亦可以用人際關係的「愛」來闡明。但是，因為古代的「仁」與當代的「愛」沒有找到共通的意義橋樑，因此，當西洋「進化」思想，在生物界激起漣漪時，國人就竟一窩蜂相信「適者生存」、「弱肉強食」、「物競天擇」、「優勝劣敗」的進化原則，反而以為「仁愛」

是過時的，不合生物原則的東西。

　　豈不知就在進化論的觀察同時，我們也要參與其事，當赫胥黎和達爾文觀察飢餓的老虎，必定撕一隻山羊來充飢時，就結論出「弱肉強食」的原則，更以為這原則亦同時適用於人。但是，我們要問，為什麼一定要在老虎肚子飢餓時，去觀察牠，而不在牠吃飽了之後，去看看牠的生活情形？母老虎雖兇惡成性，但是，當牠撫育幼虎時，所顯示出來的「愛心」，不能不使我們結論出「虎毒不食子」的原則，而導引出人際關係的仁愛。

　　在知識的仰觀俯察中，很顯然的：老虎肚子餓了，就撕吃山羊；人類肚子餓了，不也吃一隻雞？母老虎愛自己的小老虎，為母的亦愛自己的兒女；人獸在這本能的事上，不是有極多相同的地方？但是，我們仍然要在知識層次中，一級級地超升；我們要把握全部現象。老虎的仁愛本能只及於幼虎，你能否看見一隻狐狸把自己的小孩托給老虎照顧？可是，人類在這方面就超乎了本能，而達於更高的一種存在層面，那就是由「幼吾幼以及人之幼」而興辦托兒所、育幼院；人類不但會愛自己本能所喜愛的人，而且還會把這種愛推廣，普及到別的人身上；甚至，還可以提倡並實行「愛仇」的誡命。

　　這樣，我們就可以配合當前思想的潮流，甚至利用當代的思想，去為我們傳統的道德規範，找到註腳，甚至，在傳統的意識上，加上了新的價值體系，加上了能適合當代人，而且亦為當代人接受的思想體系。正因為有了這「新」的，由當代人的問題出發的，亦為當代人接受的條件，我們才能突破一些教條式的提倡，以及口號式的宣傳；而在每一個人的理知體系中，有一席重要的位置。

　　不但「仁愛」概念應當用當代知識的類比方法，去把握當代人的知識方法，而且更應當用這種「用一切去衡量一切」的哲學方法，扣住當代人的心靈，使其不但「懂」得，而且亦相信，自身的存在，自身的發展，都繫於這種人際關係的仁愛，用理論和實際來完成的仁愛。

　　這種從「知識論」的類比方法，謀求形而上原理原則的定立，然後再用這種對原理原則的「信念」，應用到自己的具體生活中，形成宇宙體系以及人生觀的合一。

　　宇宙生靈之中，唯有人類會超乎本性而進入「人格」，因此，亦唯有在人類社會之中，才有「幼吾幼以及人之幼」的事例。在所有事象的觀察中，也唯有人類有健全的知識論，因為唯有人類能透過知識，而超乎知識；在現象的背後，透視到事物之所以然的原因。

　　人性在其「物質」部份，完全和石頭一般，有重量，有伸展性，會朽壞；人性在其「生命」層次，和樹木花草沒有兩樣，有新陳代謝作用，有生有死；人性在其「意識」階層，和禽獸並沒有多大區別，有生老病死，有感覺，會競爭；但是，人性卻有比物質、生命、意識更高的一種層次，而憑了這個層次，人類是唯一會思想、會因了思想而發明工具，成為「工匠人」，而且會因了思想，去探討哲學的問題，而成為「智慧人」。

　　就在生命哲學的探討中，我們已經談過，有生命的「物質」和沒有生命的「物質」，是完全不同的；生物之所以為生物，就是能夠在「新陳代謝」的現象中，表現出它的整體性，以及有機性；這「整體性」以及「有機性」就是在物質層面中所沒有的東西。

　　同樣，在有意識的生命體中，其「肉體」的構造亦由比較簡

單的纖維結構，進入到神經系統的架構中，甚至發展到腦中樞的動物。但是，在精神體之中，其肉體的構造主要的就是大腦的結構，也比禽獸複雜了許多，而在其歷史過程中，很容易看出完全不同的成果，那就是由於人類的智慧，創造了人文世界，使其改造並繁榮了自然世界。

正因為同樣有神經系統，同樣有大腦，同樣有一些社會現象，對於許多環境的反應相同，在行為主義的一些學者中，就設法透過動物的實驗，而把結論應用在人類之上，最後還結論出：人類與動物一樣，都是環境下的產品，沒有自由，因而亦無所謂尊嚴。

近年來，行為主義的學者，有不少人學得了一些實驗白老鼠的技術，大談其人類心理，以為照實驗結果，人和禽獸並沒有分別，尤其在對環境的適應以及所發出來的行為上看，人獸根本沒有差別。

但是，在「知識」的層次上找尋證據，希圖用「類比」的方法，從知識現象的獲得，推論到原理原則；這種方法的運用成果，是否必然有如此的結論，全靠這「知識」是否符合哲學的「用一切去衡量一切」；也即是說，在實驗室中，是否設法實驗所有可能的對象，而且記錄下全部發生過的現象。正如前面所提出的，看見老虎吃山羊，就結論出「弱肉強食」，就結論出「適者生存」等原則；但是若觀察母老虎與幼兒間的情感，是否獲得完全相反的一種結論？

就在行為主義的實驗中，近來出現了一種出人意料的成果，那就是：在實驗室中，完全證實了人性高於獸性的事實。

實驗是這樣的：先實驗一隻狗。用燈光作訊號，利用巴夫洛夫的原理，使狗接受環境的刺激：亮紅燈就打牠一棒子；亮綠燈，

就給牠一塊骨頭。這些行為重覆幾次之後，這隻狗就習慣了。每當牠看到紅燈，就會趕快夾著尾巴逃，看見綠燈就流口水，等待一塊骨頭的出現。但是，當這隻狗很自然地適應了環境之後，實驗的方式立刻改變：亮紅燈，給骨頭；亮綠燈，打牠一棒。起先，這隻狗情緒非常的不穩定，對每一種燈號都躊躇不前，但是，幾次實驗之後，又習慣了；看見綠燈就趕快跑，看見紅燈就流口水，等待骨頭的出現。第二階段過去之後，開始第三階段的實驗；燈號不規則出現，有時紅燈，有時綠燈；挨棒子揍與給骨頭亦不規則地出現，而且亦不依照燈號。於是，這隻可憐的狗就發瘋了。

用同樣的實驗方法來實驗一位小孩子；亮紅燈，打他一棒子；亮綠燈，給他一塊糖。這實驗重覆幾次之後，小孩也就習慣了；看見紅燈就趕快跑開，看見綠燈就流口水，等著那塊糖。在第一階段的實驗中，小孩與狗無論站在任何角度去觀察，都沒有什麼分別，都完全在受環境的支配和控制。第二階段開始時，紅燈與綠燈所表示的意義完全相反，小孩子和狗一樣，情緒非常不穩定，對紅燈綠燈都沒有信心；但是，過了不久，也就適應了，也就把聯想改正過來了，知道看見綠燈就跑，看見紅燈就等糖吃。在這第二階段的實驗中，小孩與狗還是完全一樣，都全由環境所支配和控制。現在，問題就發生在第三階段最複雜的環境中：燈號不規則地交換，糖與挨打也不規則出現；這種曾經使狗發瘋的實驗，用到小孩子身上時；那位小孩不但沒有瘋；而且馬上顯示出其「智慧」來了；他知道燈號與實物中間的關係已經失去作用，於是，不再看燈號，只注意有沒有糖。小孩子在環境的變化中，磨練得更精明了。

這是人與動物最大的區別：精神思想的運用。

　　人類就靠著這種本能以及智慧，在世界上成為「萬物之靈」，而且，在自然世界的原始荒蠻中，開創出文明的人文世界。人類站在自然世界與人文世界之中（人類不是人文世界的產品，而是自然世界的產品；人格才是人文世界的產品），開始著其「頂天立地」的人格設計，而在知識之上創造了道德、藝術和宗教。

　　人之所以為人，不在於他能否「適應」自然，也不在於他是否在肉體上「強壯」，而在於他是否有一顆豐饒的心靈。

　　近來，唯物思想瀰漫著全世界，許多士大夫階級的高等知識份子也受了它的愚弄而不自知。而且，在科技成果越來越多的今日，更有人高舉科學的美名，來否定精神生活的價值。

　　筆者就曾經遇到一位學人朋友，他是主張唯物論的，而且用十分鐘的時間，就可以把整套唯物辯證通俗說出來，他拿起一支原子筆，問：「請問這是精神還是物質？」然後他就很大方地說：「當然是物質。」接著就開始了整個的辯證體系。但是，我們卻一定先要把第一個問題弄得清楚，否則下面的辯證就無法進行。

　　現在，究竟這支原子筆是物質呢？還是精神呢？答案的提出當然有點困難；它顯然是物質，而不是精神；但是，物質與精神的兩種東西，並不是像「有」和「無」的二極，屬於「全有」和「全無」之爭；它們二者是可以並存的；而且在這支原子筆上，就是二者同時存在的。原子筆不是單純的物質，而是「由精神控制著的物質」；沒有精神，絕沒有原子筆的存在，因為它是人文世界的產品，是人類發明的工具。

　　就如有人上阿里山，在一棵樹幹上看見一個符號，兩顆心聯在一起，有一支箭穿了過去，下面寫了兩個名字。試問這幅極簡單的雕刻，究竟是「物質」的？還是「精神」的？這是「用物質

來表現精神的符號」！

　　人文世界的一切，都在說明「唯物」的理由不夠充分；但是，在另一方面，唯心的說法也太過玄妙。人性是由靈肉構成，在人文世界中，一切都充滿了物質，但同時亦充滿了精神。「精神在物質之中」，是許多現象的真正註解。

　　唯有指正了唯物的錯誤，才能肯定精神的價值；唯有肯定了精神的價值，才能肯定道德、藝術、宗教的層次，才能提升人性到人格，才能把凡人超度到聖人的境界。世界的美好秩序，不是靠凡人，而是靠聖人的領導。

　　哲學的認定，正如肯定人性的超越能力一般，全靠人類對自身的認識和瞭解，全靠人類自身對自己的生存信念、發展信念、超度信念。

　　在《西洋哲學十二講》中，讀者總可以覺察到，哲學是「創造」的一門學問，它不是「模仿的」東西，它不是由「公式」可以預算的學問；它是在創造過程中，靠著不斷的創新、反省、力行，不斷地愛世界、愛人類，而編織成的一門學問總匯。在這一門學問總匯中，人類不但能用天生的知能去「知物」、「知人」、「知天」，而且能用良知去建構倫理規範，用藝術去設計人生，用宗教去超度一切現實；使人性在超度自身中，發展出高尚的人格，去度今生，去迎接來世。

　　在今生與來世的銜接點，人類精神生活得到安息之所，止息在真、善、美、聖的境界中。

◎ 近代哲學趣談　　　　　鄔昆如／著

　　本書為從文藝復興開始，到黑格爾為止的思想歷程。文藝復興被認為是西洋的再生。中世的仁愛情操被拋棄，古代殖民和奴隸制度再度復活，十九世紀後半成為西洋近代思想最黑暗的時代。本書引導人們認識西方近代哲學，從而領悟到「精神生活的確立與提昇為人類文化發展之方向」。

◎ 西洋哲學史話　　　　　鄔昆如／著

　　本書將西洋哲學歷史分為希臘、中世、近代和現代四個部分，解說每一時期的沿革發展，並介紹具代表性的哲學家或思想流派。在用字上，作者不以譯本作為材料來源，盡量還原原作語言，提供全面而完整的西洋哲學史料。以深入淺出的文筆，帶你一窺哲學世界的萬千風貌及深厚底蘊。

國家圖書館出版品預行編目資料

西洋哲學十二講／鄔昆如著.——三版一刷.——臺北
市: 東大，2022
面；　公分.——（哲學）

ISBN 978-957-19-3330-6　（平裝）
1. 西洋哲學史

140.9　　　　　　　　　　　　　111009930

👓 哲學

西洋哲學十二講

作　　　者	鄔昆如
發 行 人	劉仲傑
出 版 者	東大圖書股份有限公司
地　　　址	臺北市復興北路 386 號 (復北門市)
	臺北市重慶南路一段 61 號 (重南門市)
電　　　話	(02)25006600
網　　　址	三民網路書店 https://www.sanmin.com.tw
出版日期	初版一刷 1987 年 9 月
	二版二刷 2009 年 10 月
	三版一刷 2022 年 9 月
書籍編號	E140220
I S B N	978-957-19-3330-6

東大圖書公司